高校思想政治教育工作实效与方法研究

周 静◎著

吉林出版集团股份有限公司

图书在版编目（CIP）数据

高校思想政治教育工作实效与方法研究 / 周静著
. 一 长春 : 吉林出版集团股份有限公司 , 2020.5
ISBN 978-7-5581-8467-3

Ⅰ . ①高… Ⅱ . ①周… Ⅲ . ①高等学校－思想政治教
育－研究－中国 Ⅳ . ① G641

中国版本图书馆 CIP 数据核字 (2020) 第 060057 号

高校思想政治教育工作实效与方法研究

著　　者　周　静
责任编辑　王　平　白聪响
封面设计　李宁宁
开　　本　787mm×1092mm　1/16
字　　数　204 千
印　　张　11
版　　次　2021 年 3 月第 1 版
印　　次　2023 年 4 月第 2 次印刷

出　　版　吉林出版集团股份有限公司
电　　话　010-63109269
印　　刷　炫彩（天津）印刷有限责任公司

ISBN 978-7-5581-8467-3　　　　　　定价：58.00 元

前　言

　　21 世纪的世界一切都在发生变化，我国所面临的国际和国内形势也在急剧变化，提高大学生思想政治教育的质量和水平，自然也成为高等教育面临的重大课题。在现代课程论的视野下，思想政治教育课程应当是由显性课程和隐性课程构成的。而传统的思想政治教育课程出之于认知主义教育模式，以直接的、明确的显性思想政治教育课程为主要手段，使一些以间接方式影响学生思想政治品质的教育因素未能充分发挥其应有的作用，以至于被忽视掉。为此，构建一个完善的、科学的、具有实践意义的思想政治教育课程体系便具有了时代性和紧迫性。

　　全书重点在于对当前高校思想政治教育现状及存在问题的探讨，并针对性地提出了解决对策。通过研究我们可以发现，当前我国高校思想政治教育虽取得一定成绩，但许多问题还亟待解决。因此，必须在资源、方式方法和课程等多方面形成育人合力，从而促进相关工作的实效性增加。

　　本书中难免存在一些错误和疏漏，敬请广大专家和学者批评指正。

编　者

2020 年 1 月

目　录

第一章 绪 论

高度重视思想政治教育课程在培养学生思想道德素质方面的作用，是当今世界各国学校思想政治教育的一个共同特点。然而，现实的社会背景却对传统的德育课程理论与实践提出了挑战。它不仅仅要求我们在理论上把相关内容纳入思想政治教育中去，更要求我们在实践上使思想政治教育走向更广域的时空。因此，反思以往思想政治教育改革并寻求思想政治教育课程改革新出路的深入探索，以便为实现人的全面发展和社会进步奠定牢固的教育基础，系统完整地研究隐性思想政治教育课程问题，切实确立它在思想政治教育课程体系中的地位，从而科学地构建符合社会发展需要的思想政治教育课程体系，实现学生思想政治教育的全面协调可持续发展，便成为我们加强和改进学校思想政治教育工作必须给予高度重视的一个重大理论课题和实践课题。

第一节 大学生思想政治教育基本内涵及功能

人对社会的认识是不断变化的，当一个人原有的需要得到了满足，便会产生新的思想问题，所以要根据不同的需要，灵活采用不同的工作方法来解决新的问题。对于从事思想政治教育的工作者而言，在解决低层次矛盾的同时，一些高层次的矛盾也需要注意。作为高校的思想政治教育工作者，我们首先要明确思想政治教育的基本内涵。

一、大学生思想政治教育的含义

大学生思想政治教育将马克思列宁主义、毛泽东思想、邓小平理论、"三个代表"和中国梦重要思想作为为理论基础；以马克思主义的"三观"（世界观、人生观、价值观）教育为主要内容，以提高人们认识世界和改造世界的能力，动员广大干部群众为建设中国特色社会主义最终实现共产主义这一崇高理想为根本目的；以培养大学生有理想、有道德、有纪律、有文化的社会主义"四有"新人为根本任务。

传统的大学生思想政治教育在我国已经发展近三十年，教学模式已基本成熟，其主要从道德修养方面对学生加强培养，长期以来思想政治教育被称为"道德教育"的原因便在于此。大学生思想政治教育以马克思主义科学理论作为基础，以党的政策方针作为指导，具有实效性和实践性，通过思想政治教育专业技能与方法的基本训练，规范大学生行为习惯，培养大学生掌握从事思想政治工作的基本能力，并渗透到高等教育的各个教学过程和管理流程之中。

大学生思想政治教育是针对当代大学生进行思想教育的一门科学，而非形式，其主要研究大学生的思想现状、意识形态、理想信念和发展规律。大学生是最有活力的一个群体，可塑造性强，社会化程度高。大学生思想政治教育要想取得成果就必须与大学生自身的特点和规律紧密联系起来。坚持"育人为本、德育为先"。从教育方式来看大学生思想政治教育，其主要分为两个方面：内化和外化。首先内化具有一定的抽象性，主要通过课堂对学生进行思想引导，使大学生转变学习态度，将被动接受教育的学习态度转变为主动学习的态度，把外在的要求变为受教育者的自觉行动，同时有意识地将思想政治教育的教学内容与自身的思想意识相结合。

二、大学生思想政治教育的目标

强国必先强教。中国未来发展、中华民族伟大复兴，关键靠人才，基础在教育。习近平总书记在谈教育时多次指出我们要紧扣时代精神，强化思想引领，把立德树人的根本任务落到实处。从党的十八大报告到习近平总书记的五四讲话，中央反复强调教育的根本任务就是立德树人。也就是大学生思想政治教育始终作为工作灵魂的"育人为本，德育为先"。

新形式下大学生思想政治教育就是要把大学生的全面发展和综合实力的提高作为培养目标，其核心是德育教育。在日常教学活动中要针对当代大学生的时代特征，做到小课堂与大课堂并重、学校与社会并重、解决思想问题与解决实际问题并重、他律与自律并重、灌输与渗透并重。要勇于创新，循循善诱，提升大学生思想道德素质、科学文化素质、身心健康素质。随着社会的进步和发展，大学生思想政治教育工作已经融入广大师生们的日常生活中，思想政治教育所蕴含的内容在不断丰富与深化。通过实践来完成教育活动的形式正普及开来。

三、大学生思想政治教育的主要内容

关于大学生思想政治教育的主要内容，首先必须明确两点：既教育目标和教育对象。其次，必须深刻理解大学生思想政治教育的性质，牢记大学生思想政治教育的多变性和丰富性。在教学过程中教育者要针对大学生思想政治教育的相关内容全面、广泛、具体、深入的学习，大学生思想政治教育的主要内容随着时代的变化不断丰富和发展，就目前来说大学生思想政治教育的主要内容是：以理想、信念教育为核心，深入进行树立正确的世界观、人生观和价值观教育；以爱国主义教育为重点，深入进行弘扬和培育民族精神教育；以基本道德规范为基础，深入进行公民道德教育；以大学生全面发展为目标，深入进行素质教育。

（一）大学生理想信念教育

大学生理想信念教育主要指大学生的奋斗目标，反映大学生对未来的向往和追求。是大学生对未来现实奋斗的动力。要使大学生的理想信念教育不断强化，必须使他们坚定马克思主义的伟大旗帜，树立共产主义终将实现的伟大理想，确定正确的世界观、人生观、价值观。思想政治教育的根本目的和性质就是理想信念教育，大学生只有把崇高理想信念内化到自己的人格中去，大学生思想政治教育的精髓便可以融入大学生意识形态当中。相关研究表示理想信念教育的成果，是衡量思想政治教育的成败的重要标准。

（二）大学生爱国主义教育

大学生爱国主义教育是民族精神的核心，是国家凝聚力的源泉，是动员和鼓励全国各族人民团结的标志，是中国社会进步的强大驱动力。大学生爱国主义是一种崇高的道德情感，主要包括爱国情怀、爱国思想和爱国行动三个方面。在当代中国，大学生爱国主义最鲜明的特点，就是将爱国主义与坚持四项基本原则相结合，把实现中国梦作为最根本的奋斗目标。将爱国主义融入大学生思想政治教育当中，就是要引导大学生们热爱祖国，以提高民族自尊心、民族自豪感和民族自信心为目的，坚持发扬爱国主义精神。

（三）大学生思想道德素质

大学生思想道德素质具有丰富的思想内涵，包括高尚的社会公德（主要包括文明礼貌、助人为乐、保护环境）、良好的职业道德（主要包括办事公道、诚实可信、爱岗敬业、奉献社会等），正确的世界观、人生观、价值观，文明的行为美德（主要指爱护公物、文明行为举止）等等。道德素质教育对高等院校中对大学生的培养和发展起着重要的导向、动力和保障作用。目前把德育与素质教育有机地结合起来是加强和改进高校道德素质教育的关键，使之在大学生全面发展的过程当中起到核心保障的重要作用。因此，必须切实加强大学生道德素质教育。

（四）大学生全面发展素质

大学生全面发展素质具有丰富的内容，概括起来主要包括思想道德素质、人文素质、创新素质、科学文化素质、身体健康素质、心理素质、个性素质和审美素质等方面。以上几个方面相互依存、相互渗透，具有密切的内在联系。大学生思想政治教育的前提是大学生们在学习的过程中保持身心健康，同时文化素质和思想道德素质得到均衡的发展。

四、大学生思想政治教育的功能探讨

（一）以人为主导的思想政治教育价值观念

党中央提出科学发展观，是以人为本的科学发展观，同时也是大学生思想政治教育的根本目标。以人为本就是社会的一切发展不但依赖于人的发展，同时人的本身也是发展的目的。文本发展观是以书本出发、从理论出发的一种发展观。大学生思想政治教育中，人本发展观是与文本发展观相对立的，后者没有兼顾人的发展，只重视了文本，这样便容易出现教条主义和形式主义。改革开放使得高校的思想政治教育逐步向解放思想、实事求是的方向发展，也逐渐摒弃了教条主义和形式主义。高校的思想政治教育是把人的发展作为基本出发点，使教育成为学生自身发展的条件。只有这样，思想政治教育才能实现应有的价值，才可以让思想政治教育的作用得以体现。

（二）全面引导学生发展的思想政治教育

大学生思想政治教育宗旨就是全面实现社会和人的发展，大学生思想政治教育就是要保证学生的全面发展。人的本质属性是物质的、社会的和精神的，在一定的社会条件下，生存和发展的物质条件是要同时拥有的，同时还要慢慢地积累和丰富自己对社会的认识，拥有自己的精神生活，发展自己的方式既有物质的，又有社会的和精神的。这样个人在进行全面发展时，才会有侧重点，既协调发展又不会互相替代，由于以前在讲人的全面发展的时候，主要强调的是社会性，忽略了物质性，这样的结果导致了人们缺乏物质追求，空谈精神追求，结果造成社会生产的拉动力不足，不仅物质生活水平不能得到提高，同时精神文明建设也缺乏有力的支撑和发展后劲。

另一方面，当人们追逐着物质利益的同时，却忽视了政治与道德的底线。这在社会和学校里也引发了一些争论。学生们思想上的迷惘和困惑，不能在精神和理论的层面上找到答案，因此一些学生出现了急躁、浮躁、烦躁的情绪；一些学生拥有现代化的物质生活条件，却仍然缺乏幸福感，烦恼不断。这些不但阻碍了学生的发展，同时还会对社会造成危害和损失。为此，作为思想政治教育者要从理论上启发学生对于马克思主义关于人的本质与全面发展理论的学习，切实全面把握人的本质并确立全面发展的目标，增强学生对于由于人类片面发展带来危害的认识，防止那些盲目发展倾向的产生，对人类发展上的经验教训要有所吸取。

（三）协调学生持续发展的高校思想政治教育

科学发展观是要协调社会和人的发展，这正是科学发展观的重要内容，大学生思想政治教育也要遵循这个原则。协调发展就等同于全面发展，如果没有全面发展，那么协调发展也就没法进行。所以，在人的协调发展中，要有科学、合理的发展观，这正是大学生思想政治教育的目标。协调发展，就是指在人的发展过程中所处的环境、条件的互动与和谐，而不是分裂与对抗。人的全面发展与协调发展是有机地联系到一起的，不可割裂的。我国的科学技术在一定的时间内相对比较落后，对自然的开发也不够充分，科学技术的水平还需要进一步的提高，这从我国长期的历史和现实情况就可以看出。所以我们要充分提高学生的科学技术水平。大学生思想政治教育是一项长期并且艰巨的任务，这个任务如果没有完成，那么学生和自然之间的协调性就会停留在最低层上。学生的发展同社会的发展一样，也存在长远发展和眼前发展的问题，为使学生能够健康稳定地持续发展，需要引导学生自己处理好眼前发展和长久发展的关系。

（四）构建和谐校园是大学生思想政治教育的追求

构建和谐社会是我们的共同价值理想，也是大学生思想政治教育的价值目标和自觉的价值追求。和谐校园是建设和谐社会的必然要求，必须充分发挥思想政治教育的作用，不断创新思想政治教育的内容和载体，为学生的全面协调可持续发展提供条件，把构建和谐校园作为大学生思想政治教育的价值追求。

第二节 大学生思想政治教育的现状和对策

加强和改进大学生思想政治教育工作是一项贯穿于中华民族伟大复兴事业的战略任务。当前之所以要特别强调加强和改进大学生思想政治工作，一个很重要的现实背景就是国际国内形势的深刻变化，使大学生思想政治教育面临着严峻的挑战。国际敌对势力与我们争夺下一代的斗争更加尖锐复杂，大学生面临着大量西方化思潮和价值观念的冲击，某些腐朽没落的生活方式对大学生的影响不可低估。随着对外开放不断扩大，在各种思想文化相互激荡的环境中，尽管我国大学生的思想状况主流是积极、健康、向上的，但是大学生思想活动的独立性、选择性、多变性、差异性明显增强，受到各种思想文化的影响明显增多。某些大学生不同程度地存在着政治信仰迷茫、理想信念模糊、价值取向扭曲、道德修养和自控能力较差、立志成才意识不强、诚信意识淡薄、社会责任感缺失、艰苦奋斗精神淡化、团结协作观念欠缺、心理素质欠佳等问题。

一、当代大学生思想状况浅析

（一）当代大学生思想道德状况主流是好的，是积极健康向上的

大学生是思想最为活跃、接受新事物最为迅速的高智能知识群体，其思想活动和行为方式会有更深刻的时代烙印，呈现出更为鲜明的时代特征。当代大学生思想道德状况的主流是好的，是积极健康向上的，主要表现在以下几个方面。

1.热爱祖国，关心集体

当代大学生中绝大多数人有着强烈的爱国热情。平时他们的爱国情感表现不是很明显，一旦有个突发事件，他们的爱国热情会像火山一样迸发出来。他们大多数目光远大，积极向上，高度重视知识和工作能力的培养，希望学成之后能够报效祖国和人民，对中国的发展充满信心。他们注意维护国家和集体的利益，特别是在汶川和玉树大地震发生以后，许多大学生捐款捐物，主动献血，有些特困生，自己每天的生活费都是勤工俭学才维持最低生活水平，但他们还是慷慨解囊，表现出关心集体，乐于奉献的美德。

2.居安思危，具有责任感

一些学生刚上大学，就会考虑以后的出路在何方。如我们学校的专科学生，知道凭专科毕业证找工作是有困难的，所以入学不久，他们就开始考虑两年以后该干什么，想升本科的同学开始发奋读书，补外语；想工作的同学开始考各种资格证书，还利用一切机会出去打工，勤工俭学，为自己积累工作经验。

3.关注自我价值，强调个人尊严

他们比较关注自己的利益，为了自己的利益可以去争，可以去找。如在

评助学金、三好生等方面，他们是寸步不让的。我常常看到有些学生为评助学金的问题，找班主任谈话。对于这些现象，有人说他们计较个人利益，应给予批评，而我认为这一点恰恰是他们注重自我价值的表现。古人云："君子爱财，取之有道。"他们注重自我价值，注重公平，恰恰是对我们的监督，促使我们公平、公正、公开地做好工作，这又何乐而不为呢？

（二）当代大学生在思想道德素质中还存在着一些道德缺失的成分

1. 理想信念模糊，世界观、人生观、价值观有些扭曲

在一些大学生中不同程度地存在着还没有树立远大的革命理想，社会主义信念不够坚定的现象，不知道自己身上肩负着社会主义建设者和接班人的重任。同时，他们也没有树立正确的世界观、人生观和价值观，在学习和生活中个人利益考虑的较多，缺乏社会责任感和全心全意为人民服务的意识，表现为得过且过，缺少积极向上的奋斗精神。高中时的目标是上大学，一旦上了大学，便失去了努力的方向，失去了奋斗目标，无由地感到空虚"郁闷"。"郁闷"是大学生常说的话，为什么会"郁闷"呢？主要原因是没有了奋斗的目标和激情，缺少远大的理想。

2. 社会公德意识较差

大学生道德水平的高低和他们文化的分数不是成正比例的。一般来说，文化知识层次越高，社会公德意识越强，这是社会的共识。作为文化知识层次较高的大学生，应该有较强的社会公德意识，然而有些大学生却不然，他们信奉小节无害，缺乏诚信和法律意识。有的考试时违纪作弊，打小抄、打手机、找人替考等，已不是个别现象。还有的做"枪手"替别人考试等，助学贷款欠款不还，也屡见不鲜，更甚者为一点儿小事就大打出手。他们对日常生活中的细节重视不够，甚至美丑颠倒，把彬彬有礼看作是虚伪，把粗暴无理看作是实在，缺乏检点，不爱护公共财物，不讲卫生，随地吐痰，乱扔垃圾，损坏公共图书。清华大学生用硫酸泼熊，马加爵为一点儿小事杀害同学性命，西安音乐学院的药家鑫事件等都严重影响了当代大学生的形象。

3. 学习目的不明确，缺乏学习热情

在某些大学生中，表现出学习目的不够明确，不知道是为谁来学习的，没有学习的动力和热情，甚至有的是认为到学校来学习是父母逼来的。不是我要学，而是父母要我学，到学校后是老师要我学。因而，经常出现上课迟到早退，课堂上不注意听讲、睡觉，甚至出现随便逃课现象，写作业也是随便应付差事，大量的时间用于上网，逛街等。曾有的同学说："我愿意上学，不愿意学习。"实际上他愿意上学是假的，真的原因是喜欢在学校里有这么多

的同伴可以随意地玩，结果是学习成绩门门挂科，最后被学校勒令退学。

4. 互联网信息传媒影响

当前，网络正在极大地改变着高校学生的生活方式、学习方式、交往方式、娱乐方式，甚至是语言习惯，对青年学生的学习、工作、生活和思想观念都产生着深刻的影响。网络无限开放的虚拟空间及其互动性，常常成为大学生交流真实思想情感的场所。信息的超载，常使学生对信息缺乏理性的分析和思考，道德自律和自我约束往往控制不住，甚至脱离现实，沉溺网络，晚上彻夜上网，白天蒙头睡觉，整天精神恍惚，结果荒废学业。

5. 追求物质享受，害怕艰苦奋斗

由于条件的变化，过去是新三年旧三年，缝缝补补又三年，宣传艰苦奋斗。近些年来我们宣传要用消费拉动生产，用明天的钱办今天的事，好像艰苦奋斗过时了，使得艰苦奋斗的精神在当代大学生中有些淡化，似乎是谁有钱谁光荣，谁受穷谁狗熊。有的大学生盲目攀比，生活不够节俭，铺张浪费，花钱大手大脚，在校吸烟酗酒，穿名牌服饰，配豪华手机，组织生日宴会派对等。

6. 不善于交往，情感问题的困扰

大学生在校除了学习，与他们最密切相关的就是人际关系。大学生的性格日趋成熟和稳定，在很多问题上都表现出自己独特的观点。因而，部分学生由于种种原因，不能融入一些实际活动中去，不能形成正确的自我评价，故在具体的交往活动中表现出团结协作能力较差，心理素质问题较为突出，出现各种交往不适症，造成社交恐惧、抑郁症等；个人情感问题一直困扰着部分大学生，他们处理不好学业与恋爱，朋友与爱情等许多问题，导致一些未婚同居，未婚先孕，为情斗殴、自杀、他杀等事件在高校时常发生。

二、产生问题的原因

（一）家庭因素的影响

家庭环境和教育，父母及亲友的基本素质，对学生的影响极为深刻，对其人格的成长和形成具有重要的影响。在美国，家庭教育是以培养孩子自食其力为出发点，父母培养孩子懂得劳动的价值，让孩子自己到外面参加一些力所能及的体力劳动，即使是富家子弟也要学会自谋生路。从某项调查来看，中国目前高校中独生子女大学生已成为大学新生的主体，独生子女大学新生与非独生子女大学新生相比，智力上有一定的优势，但在其信心和情绪的稳定性、亲和力、独立性、耐心、社会责任感等非智力因素上处于劣势，这其中家庭的因素原因占了很大一部分。有些由于家庭呵护太多，缺乏生活锻炼，遇事不知怎么处理，情绪波动大，稍不顺心便会乱发脾气，养成了喜怒无常、情绪不稳定的不良性格。有些家庭的消极影响，例如父母的离异、变迁、错误的价值观和不当的言行，使孩子形成与众不同的错误价值尺度，对人对物总有自己的一套方式或观念，结果形成了一些不良的个人行为，这些都是在相当程度上是其上大学以前较长岁月中所形成的人格的影响和延续。因此，家庭因素的影响，对青年学生的健康成长极为重要。

（二）社会因素的影响

社会因素，也就是社会环境的影响，特别是社会上的一些不良风气，对青年学生影响极大。改革开放这40年来，我们国家在经济体制、政治体制及意识形态方面都发生了巨大的变化，这些变化必然引起人们思想上的变化。大学生是思想最为敏感的群体，有些思潮来了，他们良莠不分，自以为正确，结果却犯了错误。同时由于当今社会上以权谋私、权钱交易等等不正之风，那些有权有钱人家的孩子，虽说学习成绩平平，但凭着父母的本事，可以轻而易举地找到好工作，而老百姓家的孩子虽然学习成绩优秀，也很难找到理想的工作，好像是学习成绩与自己的前途没有直接联系。这些不正之风严重地影响着大学生的思想，他们一方面在愤恨这种不合理的现象，一方面放松了自己的奋斗精神。

（三）学生本身因素的影响

18~20岁的青年学生正处于青年期，这一时期是人的一生中心理变化最大、心理发展最为曲折、充满着变幻与矛盾的时期，是从幼稚走向成熟、从未定型到定型的急剧变化时期，有些心理学家称之为"心理断乳期"，许多人生和生活问题都要在这个时期养成。面对新的学习、生活、工作环境，面对各种复杂的人事关系，许多学生在认知、情绪和意志等方面都未成熟，这些学生中以往积累的"心理资源"已经不能满足应付眼前的现实，必然产生一些心理问题，这是一个人正常成长的必经阶段。而有的青年学生不能正确认识和处理这一正常的变化，产生过分的烦恼和急躁、恐惧、不稳定等心理，有一种无法适应的现象，这对于人生的思想、行为、形象的塑造必然产生不利的影响，为今后奠定人生道路设置了无法回避的"路障"。

（四）学校管理因素的影响

学校的管理模式是多样的，而且随着教育体制的不断改革和深化，对学生的管理也要不断创新。现在党中央号召我们构建和谐社会，我们学校要构建和谐校园，对学生的管理不能出了问题就处分，发现问题就处理，有些问题不是处分或处理就能解决的，对待学生，也应该有严肃的一面，有宽容的一面，也就是人性化管理，让学生感到宽松、放心、舒心、安心，而不是人人自危，惶惶不可终日。目前我校的学生有走读的，有住校的。走读的学生比较松散，而住校的学生则是半军事化的管理模式，按时起床、就餐、上课、早晚自习、休息等等。有些学生自由惯了，不习惯这样的管理，发生的违纪事件较多。对这样的管理方式，绝大多数学生是习惯的，家长也放心，学校也好管理。对极少数学生的问题，还是要采取说服、教育、批评等方式，进行人性化管理，晓之以理，动之以情，在管理上采取宽、严结合的办法，让学生养成自觉遵守校规校纪的良好行为。

三、大学生思想政治教育工作的特点及存在问题

党的十九大精神是指引我们新时代大学生不断前行的一盏明灯，因此深刻学习掌握十九大精神，并将其落实到学生的学习生活当中是青年大学生的一项重要任务。因此积极探索创新大学生思想政治教育的创新方法，充分利用高校现有的教育资源和平台，将党的十九大精神融入专题教育活动中去。当前大学生的思想政治教育工作在时代背景、社会环境和大学生自身素质等方面都呈现出与以往不同的特点。

（一）开放性

当前大学生成长在中国改革开放的年代。他们所接触的社会，不是一元的，而是多元的；他们所接受的教育，不是一维的，而是立体的。不论是敞开的国门、信息高速公路，还是无孔不入的现代网络世界，都给富于猎奇心理的青年大学生带来巨大的诱惑与冲击。各种各样的思想、观念、文化、信息纷至沓来，五花八门，色彩缤纷。其中既有学术信息、娱乐信息、经济信息等等，堪称信息时代；又有形形色色的黄色、暴力等信息网站、垃圾场和糟粕堆。青年大学生们要从这些光怪陆离的思想、观念、文化、信息中进行比较、鉴别，自主选择和淘汰。在开放的社会环境中，学校教师在思想政治教育中的权威地位发生了动摇，作为社会主梁道的思想政治教育的固有的优势，也受到了挑战，它不再能垄断学生获取信息和接受教育的渠道，相反，它只是学生进行比较、鉴别、自主选择和淘汰的对象之一。

（二）主体性

青年期原本就是自我意识发展和自我需要扩张的时期，青年渴求独立、自主的意愿更甚于处于其他年龄段的群体。随着市场经济的发展，知识经济

时代的即将来临与科学技术进步带来的生产力的巨大发展，使知识、人才成为今日社会的明星。重视人才，重视人才的价值，进一步唤醒了青年的主体意识。当代青年大学生追求自我价值的实现，自我的成功："人不应该做他人的影子，而应该做回真正的自己。"这种自我价值的追求体现了个体成长发展的内在需求，是人的独立性、自主性的外在表现，是人的自立、自强、自尊的道德价值的体现，是有着进步意义的。在这种对个性发展、个体权利以极大的空间与合理关注的社会环境下，青年大学生在观察问题、思考问题时往往采取批判和标新立异的态度。在这种自我意识极强的氛围下，如何对青年大学生进行社会主导价值观教育，并使之被青年大学生心悦诚服地接受，是当前高校思想政治教育所面临的又一新特点。

（三）差异性

高校的大学生来自四面八方，学生由五湖四海聚集到一起。由于各地经济发展水平的不同，造成了学生的差异性。如何针对不同特点、各具差异的学生进行思想政治教育，使之达到理想的教育效果，是高校思想政治工作面临的又一新问题。尽管青年大学生思想政治教育出现了开放性、自主性、差异性的特点，但青年作为人自幼年步入成熟阶段的一个阶梯，仍具有极强的可塑性。一方面，我国经济体制改革方兴未艾，我国经济发展速度举世瞩目，我国政治体制改革步步深入，我国科学文化日益繁荣，我国人民生活水平日益提高，凡此种种奠定了我国青年价值观朝向健康轨道发展的大趋势。另一方面，裹挟在历史进步大趋势中的青年所特有的先锋性、进取性，也决定了青年价值观的健康走向。只有高校思想政治教育工作坚持正确导向，增强教育的现实性、针对性、科学性，青年大学生的思想政治教育工作一定会收到良好的效果。

四、大学生思想政治教育工作的对策

根据当前大学生思想政治教育工作面临的新特点、新问题，高校学生思想政治教育应该把思想政治教育融入第二课堂各项活动中，强化三观教育；加强校园文化建设，全面提高学生素质；加强大学生社会实践环节，增强学生社会责任感；加强学工队伍建设，提高思想政治教育效果等方面着手加强和改进高校思想政治工作。

（一）发挥主渠道作用

学校思想政治教育的核心是进行爱国主义、集体主义和社会主义价值核心价值观教育，引导学生树立正确的世界观、人生观、价值观。针对学生思想政治教育的新特点、新倾向，应该充分发挥第二课堂，把思想政治教育工作融入第二课堂里，从文化价值、利益原则、理想信念三个方面对学生进行社会价值导向，强化世界观、人生观、价值观教育。理想和信念是人生的精神支柱，是群体团结的基础和纽带。以马克思主义理论为引领，组织青年学生深入学习马克思列宁主义、毛泽东思想，深入学习邓小平理论、"三个代表"重要思想、科学发展观，习近平新时代中国特色社会主义思想、深入学习党的十九大报告精神，不断领悟，不断参透，做到学有所得、思有所悟，注重把握好广大学生的世界观、人生观、价值观问题。理想信念是青年学生思想行动的"总开关"。习近平总书记反复强调，理想指引人生方向，信念决定事业成败，广大青年一定要坚定理想信念，没有理想信念，就会导致精神上缺"钙"。

（二）加强校园文化建设

校园文化是以师生为主体，以校内文化活动为主要内容，以校园精神为主要特征的一种群体文化。广义的校园文化涵盖十分广泛。它既包括物化的校园环境，诸如校园建筑的文化底蕴校园纪念性标志物的历史昭示，校园景观的审美意味等等；又包括精神的文化氛围，诸如普遍认同的价值观念、道德风范；还包括学校的制度建设，诸如大学生行为规范，校园文明规则等等。校园文化既可以是有形的，以各种各样的建筑、景观、文化活动、行为规范等形式表现出来；又可以是无形的，体现在一个学校的学风、教风、校风之中。校园文化是高校中长期形成的，贯穿于学校生活的方方面面，具有各自特色的物质文化、精神文化和制度文化的综合体。

1. 建设优良校风

加强校园文化建设，首先要树立勤奋、严谨、求实、创新的良好校风。校风，指一所学校的风气，是学校师生员工在共同目标指引下，经过长期共同努力而逐渐形成的一种特有的风尚，由价值观念，思维方式和行为作风等要素构成。一个学校的校风，体现了这个学校师生员工的理想、情操、文化素养和德、智、体、美诸方面的综合素质，是衡量该校教育质量和精神面貌的重要标志。优良校风一旦形成，就具有巨大的同化功能、导向功能和激励功能，对青年大学生的思想观念，价值取向产生潜移默化的影响，在无形中支配和控制大学生价值判断、行为取向，使其朝着共同的方向和目标努力。因此高等学校应该把加强校风建设作为思想政治工作的重要内容，作为校园文化建设的核心。

优良校风的基本内容是勤奋、严谨、求实、创新。勤奋、严谨、求实、创新是创新人才所应具备的基本素质，高校应该塑造勤奋、严谨求实、创新的风气，为人才脱颖而出创造条件。

培育优良校风进行正确价值观导向，在校园里形成健康的价值氛围，使学生的认识、评价、行为选择具有较高的自觉性。培育优良校风，要有宽松的民主的氛围，使学生能形成开放性思维模式，敢于创新，勇于求实。培育优良校风，还要有严格要求，严明纪律，使学生养成良好的行为习惯。培育优良校风是一个长期的任务，是一项系统工程，需要全校师生员工同心协力、共同努力、代代相传。

2. 积极开展社会主义精神文明创建活动

积极开展社会主义精神文明创建活动，引导青年大学生积极参与社会实践活动，是高校思想政治教育的重要途径。社会主义精神文明创建活动，要坚持以马克思主义深入学习马克思列宁主义、毛泽东思想，深入学习邓小平理论、"三个代表"重要思想、科学发展观，习近平新时代中国特色社会主义思想为引领，社会主义精神文明创建活动要广泛吸收青年大学生参与。

社会主义精神文明创建活动，要有丰富多彩的内容。社会主义精神文明涵盖面极广，要深入开展大学生社会实践活动，让学生深入社会的角角落落，得到充分的锻炼。

社会主义精神文明创建活动，要采取灵活多样的形式，诸如努力建设优美文明的校园环境，开展丰富多彩的业余科技文化体育活动，创建文明班级、文明教室、文明宿舍，做文明大学生等等。

（三）加强教职工队伍建设

高校思想政治工作的主要载体是学工干部队伍。要加强学工队伍自身建设，提高他们的政治素质、思想素质和人格魅力，成为受学生欢迎的良师益友。

高校思想政治工作的另一主体是教职员工。思想政治工作的真正威力在于它的渗透性。要寓教于乐、寓教于智、寓教于管，思想政治教育才能收到事半功倍的效果。能担当此重任的正是广大的教职员工。深入开展教书育人、管理育人、服务育人的"三育人"活动，正是调动教职员工参与思想政治工作的好途径。不能片面认为思想政治工作只是学工干部的事，而要把三育人作为全体教职员工的根本任务。

深入开展三育人活动，首先要充分发挥教师的"三育人"主力军作用。

要加强师德师风教育，调动教师教书育人的积极性，鼓励教师不仅要关心学生的学习，而且要关心学生的思想，不仅要育智，而且要育人，教育学生学会生存，学会学习，学会做人。

开展三育人活动，要全员参与、各司其职、各尽其责。学校的管理、服务方面面面都要承担起育人的职责。要提高管理人员和员工的素质，以高尚的情操、良好的职业道德和敬业精神感染和教育学生。要造成一种育人的氛围，使"三育人"活动深入人心。

（四）注重日常思想政治工作

高校思想政治工作既要有总体规划和宏观管理，又要做好日常思想政治工作。青年大学生的差异性，决定了个案教育的重要性。通过学工部门、辅导员、任课教师抓好学生日常思想政治工作，培养青年大学生的高尚品德和健康人格，是高校思想政治工作永恒的主题。

加强日常思想政治工作，培育高尚品德和健康人格，首先要引导青年大学生树立正确的自我意识。以点带面加强学生思想政治教育工作全覆盖。

1. 通过建立党员工作站，发挥党员的"四个作用"

充分发挥党员的"四个作用"为充分发挥学生党员凝聚带头、示范激励、渗透教育、桥梁纽带的"四个作用"，带动大学生思想素质的提升，切实起到"开展一项活动、带动一片教育"的活动成效，达到了"传帮带"的真正目的。

2. "以点带面"开展有特色的志愿者服务

不断拓宽志愿者服务渠道，通过让学生走出校园走进社会、将思想政治教育的内容寓于活动之中，使青年学生在活动的参与过程中受到教育，提高觉悟，学生们通过参与志愿服务充分发挥了学生在志愿活动中的主体性作用，给学生们提供了想要锻炼自我和服务社会的内心需求，志愿者根据自身志趣和特长选择服务内容，极大地调动了学生参与的热情和积极性。

3. 关注学生心理状况，提升学生心理素质

加强日常思想政治工作，培育高尚品德和健康人格，还要加强青年大学生心理素质教育。日常思想政治工作必须坚持解决思想问题同解决实际问题相结合。要倾听学生心声，了解学生情绪，关心学生生活，多做得人心、吸人心、稳人心的工作，把好事办实，增强教育实效。心理健康是保证学习良好进行的首要保证，通过把握毕业季和新生入学季两大时期，积极开展媒体宣传、排查干预、知识讲座等心理健康知识教育工作，强化心理健康知识；开放心理谈心室，安排专人值班，畅通宿舍—班级—学院、学生干部—辅导员—学院领导信息反馈渠道，帮助学生进行心理健康咨询，强化敏感时期学

生思想状况调查和特殊人群思想动态掌握，实行院领导带班辅导员值班制度，及时了解和解决了学生群体中存在的实际困难。

学校的学生思想政治教育工作是一个系统工程。它不仅需要构造校内的系统，而且需要社会大环境的支持。加强经济法制建设，加强政府宏观调控，严格规范市场行为，及时排解普遍性社会问题，严惩腐败之风，抵制邪恶风气，在全社会形成正确的舆论导向，是青年大学生健康成长的必要条件，全面加强新时期大学生思想政治教育工作。

第三节 大学生思想政治教育价值发展的当代趋向

一、个体价值由工具性向目的性发展

当今，大学生思想政治教育以发展大学生本身为目标指向，在发展集体价值的同时充分发展个体价值，凸显了个体价值的时代地位。个体价值由工具性向目的性发展是当代大学生思想政治教育价值发展的重要方向之一；当代大学生思想政治教育通过引导大学生政治方向、激发大学生精神动力、规范大学生思想行为、塑造大学生健全人格等全面发展其个体价值。

（一）引导大学生政治方向

所谓政治方向，是指政治的价值取向、阶级指向，是政治理想、政治信念、政治立场、政治态度、政治品质等的综合体现。政治方向对个人的政治思想和政治行为发挥精神支柱作用，是个人政治素质的核心组成部分。大学生思想政治教育引导大学生的政治方向是大学生自身成长的客观需要。广大青年学生有爱国心和正义感，满腔热情，对新事物十分敏感，这是你们的长处。但同时也应看到，你们身上也存在缺乏实践锻炼和政治经验的弱点。这即是说，青年大学生政治上不够成熟，在其成长中需要加以方向引导。引导大学生政治方向，理想信念教育是根本。

（二）激发大学生精神动力

大学生是具有意识的、经过思虑或凭激情行动的、追求着某种目的的人，他的行为的一切动力，都一定要通过他的头脑，一定要转化为他的愿望和动机，才能命令他行动起来。这种愿望是由激情或思虑来决定的。而直接决定激情或思虑的杠杆是各式各样的。有的可能是外界的事物，有的可能是精神方面的动机，如功名心、"对真理和正义的热忱"、个人的憎恶，或者甚至是

各种纯粹个人怪癖。这就是说，大学生行为受物质或精神的动机与愿望支配，受内在精神动力的驱使。青年时期是人生的特殊发展阶段，处于青年时期的大学生需要欲求异彩纷呈，理性认知活跃敏锐，情感世界丰富多彩，参与行为充满青春活力。大学生有多方面的物质需要，同时也渴望智慧与理性，还富有激情，无论是物质的需要还是智慧、理性或激情的渴望，都是"加工"大学生精神动力的上等"原材料"。坚持物质激励，是因为人们奋斗所争取的一切都和他们的利益有关。如果只讲牺牲精神，不讲物质利益，那就是唯心论。并且，思想一旦离开"利益"的需要，就会使自己出丑。坚持精神激励，在于马克思主义是真理。以马克思主义的真理说服大学生，武装大学生，发动大学生；同时充分融入关心爱护大学生的真挚情感，为大学生树立榜样与目标，实施激励，教化感化大学生，对催生大学生巨大的精神动力发挥着关键作用。

（三）规范大学生思想行为

大学生思想政治教育对大学生的思想、行为具有规范性：肯定符合大学生思想政治教育方向、目标的思想和行为的正确性；界定偏离大学生思想政治教育方向、目标的思想和行为的不合理性；排除冲击大学生思想政治教育方向、目标的思想和行为的干扰性。大学生思想政治教育之所以具有规范大学生思想行为的价值，在于大学生思想政治教育本身具有方向性、规范性。为了培育人才，实现教育目的，在教育实践中对大学生提出一系列规范性要求，开展理想教育、道德教育、法纪教育等具有规范意义的教育，促进大学生思想与行为健康发展。大学生接受思想政治教育，参与社会实践，进行社会化的过程实际上就是在坚持社会导向的前提下，认识、理解、接受社会规范，掌握社会"游戏规则"的过程，实际上就是大学生思想政治教育实现规范大学生思想行为价值的过程。

（四）塑造大学生健全人格

人格就是指做人的资格，是指人在世界万物中的格位，是人之为人的格式与标准。马克思曾深刻地指出："一特殊的人格的本质不是人的胡子、血液、抽象的肉体的本性，而是人的社会特质。"根据马克思主义的观点，人格是在一定社会实践过程中的人的个人心理和行为特质的总和，它包括政治、道德、心理、情感、智慧等诸多方面，渗透着意识形态、价值观念、文化传统、社会生活等因素的影响。健全人格主要指一个人人格所包含的诸多方面得到全面、充分的发展，构成协调、健康的系统，符合时代发展要求和人的本质发展需要。塑造健全人格关系大学生的全面发展，关系大学生对社会进步的意义与价值。历史与现实都一再表明，大学生要实现人生理想，有所作为，必须全面发展，不能单向地发展"智体"的工具理性，还必须重视"美德"的价值理性，也就是必须具备健全的人格。健全人格的塑造靠教育，大学生思想政治教育以其"内化—外化"的知行转化机制为机理，通过推动大学生把社会要求的思想政治品德规范内化为信念、外化为行为的反复实践，塑造大学生健全人格，体现出显著的价值性。

二、集体价值由一元向多元发展

伴随着社会多元化的发展，当代大学生群体的社会组织方式日益多样，大学生群体的成员组成更加复杂，开展集体教育的方式方法更加多元。这就是说，当代大学生思想政治教育所面临的社会环境、集体氛围、个体心理等与过去相比都发生了深刻变化。这些变化客观上要求改变大学生思想政治教育固定在集体中开展的模式，以更加多样的形式开展工作，实现大学生思想政治教育实践的当代发展。立足大学生思想政治教育的实践发展，当代大学生思想政治教育价值改变过去实现集体目标的一元化存在，在实现集体目标之外进一步发展了指导大学生群体心理、调节大学生群体行为、丰富发展大学生群体的青年文化等方面，呈多元化格局。

（一）指导大学生群体心理

所谓大学生群体心理，是指大学生群体成员在群体活动的相互作用中形成的整体心理氛围，它包括大学生群体的需要、情感、情绪、动机、信念等。了解和把握大学生群体心理，是有效开展大学生思想政治教育的前提和基础。大学生思想政治教育之所以具有指导大学生群体公理的价值，关键在于当代大学生思想政治教育实现集体目标的方式方法发生了变化。当代大学生思想政治教育不再局限于灌输、说教等传统方式，而是在教育中遵循以大学生为本的原则，创新教育方法，充分尊重大学生的需要、愿望、兴趣、心理等。当代大学生思想政治教育的实践表明，从一定意义上讲，谁把握了当代大学生群体心理，谁了解当代大学生群体的需要，谁代表了当代大学生群体的利益，谁就能影响当代大学生群体的思想和行为。因此，当代大学生思想政治教育迫切需要运用心理学等有关理论知识，把握和指导大学生群体心理，实现大学生思想政治教育的应有价值。

（二）调节大学生群体行为

思想是行为的先导，行为是思想的外在表现；思想是"隐在"的，而行为是"显在"的；有什么样的思想状况，就会有什么样的行为表现。在一个大学生群体中，大学生个体的思想状况往往千差万别，反映到行为上就参差多态。当代大学生思想政治教育培养教育大学生，不仅要培养塑造大学生的正确思想，而且要规范调节他们的行为，实现大学生思想行为状况与社会、集体要求之间的协调一致、良性互动。从普遍的意义上讲，调节大学生群体行为，重点在于把握好统一大学生行为导向、增强行为动力、加强行为规范控制等关键环节。统一行为方向，就是通过教育帮助大学生增强对党和国家的路线、方针、政策的理解与领悟，引导群体成员心往一处想，劲往一处使。增强行为动力，就是运用说理、激励等多种手段充分调动群体成员的主观能动性。加强行为规范控制，就是要对正面积极行为进行鼓励，对负面消极行为进行规范，确保协调一致。

（三）丰富发展大学生群体的青年文化

"青年文化从本质上讲是主体文化的有个性的附属，是与传统主体文化相连的分支文化，是介于青年与社会，社会与主体文化之间的桥梁。"青年文化由一代代青年人创造、发展，同时也哺育着一代代青年。青年文化是对青年价值观念、思想行为的生动表征。通过青年文化，能架起联系、沟通青年的桥梁。当代大学生思想政治教育在发展中充分重视运用青年文化推动大学生思想政治教育的实践发展，这种实践反过来又进一步丰富和发展青年文化，有利于大学生思想政治教育集体价值的实现。在现实中，很多高校把开展思想政治教育与校园文化建设有机结合起来，以优秀的校园文化、良好的思想政治教育培育青年大学生，提升他们精神境界和素质。实践一再表明，大学生思想政治教育与青年文化之间互动发展。

三、社会价值由片面向全面发展

改革开放以后，大学生思想政治教育得到健康发展，政治、经济、文化价值得到全面的发挥和提升。

（一）社会政治价值的发展

在新旧历史时期，政治的时代内涵不尽一致。就国际政治而言，冷战时期集中表现为社会主义与资本主义两大阵营之间的矛盾对抗与相互斗争，在和平与发展成为时代主题的新时期集中表现为全球范围内资本主义与社会主义两种制度、不同国家的并存竞争，即在经济、文化等方面既全面交流合作，又矛盾斗争。就国内政治而言，改革开放后，我国政治的集中表现是以经济建设为中心，发展社会生产力，是一种建设的政治、经济的政治。大学生思想政治教育为社会政治服务，实现社会政治价值。这必然要求大学生思想政治教育政治价值实现价值发展。新时期，大学生思想政治教育政治价值主要在于帮助青年大学生正确理解、坚持、贯彻党的基本路线和方针政策，投身以经济建设为中心的现代化事业，为现代化建设作出贡献。实现这样的价值，大学生思想政治教育要坚持"建设的政治、经济的政治"的时代取向，为贯彻党的路线方针政策，建设中国特色社会主义发挥政治保障；要坚持教育大学生，以和平与发展时期的新型政治观引导大学生成长为当代"政治人"；要坚持解放思想、实事求是、与时俱进，紧跟时代发展的步伐，不断提升价值品位。

（二）社会经济价值的发展

所谓大学生思想政治教育的经济价值，就是大学生思想政治教育服务于经济建设，促进经济发展的价值。改革开放前，人们一度在认识上对经济与政治的关系有一定的偏差，未能很好地处理经济建设和政治的关系，大学生思想政治教育的经济价值没有得到很好体现。其实，物质可以变成精神，精神可以变成物质，代表先进阶级的正确思想，一旦被群众掌握，就会变成为改造社会、改造世界的物质力量。大学生思想政治教育向大学生传播的思想理论、道德观念，作为一种精神力量，为大学生参与物质文明建设提供思想保证、精神动力，从而转化为建设社会主义的物质力量。同时，大学生思想政治教育通过引导大学生树立与市场经济发展要求相适应的观念与意识，帮助大学生化解一些关于经济生活的思想矛盾与困惑，创设良好的舆论环境和社会风气等，参与社会经济调节，促进经济发展。总之，大学生思想政治教育通过传播先进理论，倡导高尚道德，为经济发展提供正确的价值导向、良好的社会环境，充分调动青年大学生参与经济活动的积极性、主动性和创造性，从而在促进经济发展中实现经济价值。改革开放以来，随着经济建设的蓬勃发展，大学生思想政治教育服从和服务于社会主义现代化建设需要，其经济价值得到了空前的发展。

（三）社会文化价值的发展

在建设中国特色社会主义的历史进程中，大学生思想政治教育以提高青年的思想道德素质与科学文化素质为目标追求，通过文化选择、文化传播、文化创造体现其文化价值。所谓文化选择，是指大学生思想政治教育以其特有的政治导向、价值识别功能对社会文化进行过滤、筛选，对与社会主导意识形态价值导向相一致的给予肯定、接受，纳入自身的内容体系与教育轨道；

对于与社会主流意识形态不相符合的文化内容给予排斥、抗拒，清除其对大学生的侵害。所谓文化传播，是指大学生思想政治教育在把社会所要求的思想观念、道德规范等传播、教育给大学生，以促成大学生形成合乎社会需要的思想品德的过程，本身也就是在传播文化。因为一定的思想观念、道德规范本身就属于一定的政治文化、伦理文化。并且，当代大学生思想政治教育在实践中倾向于与社会文化活动同台共戏，相互渗透，融为一体，从而进一步突出了其文化传播的时代价值。所谓文化创造，是指大学生思想政治教育对于促进社会亚文化、特别是青年文化的发展有重大作用。大学生思想政治教育作用于青年大学生，通过引导他们的思想文化观念，规范他们的行为，创设良好的文化交流，整合价值取向，增进文化认同等等，为青年文化及社会文化的新生和发展创造条件。

第二章 高校思想政治教育实效性研究

第一节 高校思想政治教育实效性

一、高校思想政治教育实效性的内涵

概念的界定对于任何一门科学研究都是首要任务，只有准确界定概念才能开展研究或者深入地开展研究，因为它是认识一个事物的前提条件。由此可见界定概念的重要性。

纵观已有的研究成果，学者们对思想政治教育实效性的概念的界定各有千秋。但是要想准确科学地定义大学生思想政治教育实效性必须要分析定且借鉴与其相关的概念。与其相关的主要概念有思想政治教育、实效性以及思想政治教育实效性等。

准确定义高校思想政治教育实效性的基本前提是准确界定思想政治教育的概念。当前，每个国家都要高度重视国民思想政治教育，并且努力做好国民思想政治教育的相关工作，虽然不同的国家采取的政治教育的方式、内容、方法各不一样，但是他们的初衷和目的达到了高度统一，那就是为了提高公民思想道德素质，巩固统治阶级地位。在我国，关于思想政治教育的概念不同的研究者有不一样的见解，在思想政治教育学科领域，被广泛认同并引用的思想政治教育概念主要是陈万柏、张耀灿在《思想政治教育学原理》一书中所给的定义："所谓思想政治教育是指社会或社会群体用一定的思想观念、政治观点、道德规范对其成员施加有计划有目的有组织的影响，使他们形成符合一定社会、一定阶级所需要的思想品德的社会实践活动。"

思想政治教育就是指一定的阶级、政党或社会集团，为实现一定政治与社会目的，用特定的思想政治观点、社会道德规范去教育人们和转变人们的思想，从而指导他们行动的教育活动。准确定义高校思想政治教育的关键一步就是要准确理解实效性的概念。因为"实效性"不仅是本课题的一个关键

词。更是本课题研究的出发点和落脚点，贯穿整个课题的始终。《现代汉语词典》中将"实效"一词界定为"实际的效果"。"效果"指的是由某种力量，做法或因素产生的结果。多指好的结果。"实效性是指实践活动的预期目的与结果之间的张力关系，是指实际活动结果对于目的是否实现及二者之间的具体实现程度"。任何一项活动的成效与效果都是通过实践表现出来的，而效果如何主要是指工作者将活动前对活动结果的预期目标和活动后所产生的实际结果进行比较，如果结果优于预期目标或者达到预期目标，那么就说明实践活动收到了一定效果，即实效性强；如果实践活动结果没有达到预期目标，那么，实践活动就无效，即实效性不足。

对于高校思想政治教育实效性的界定在学术界没有完全一致的解释在。张耀灿、郑永延、刘书林、吴潜等著的《现代思想政治教育学》一书中提出："思想政治教育的实效性，主要是指方法的可操作性，在实践中的可行性，产生良好结果的可靠性。"

高校思想政治教育实效性就是指高校实施思想政治教育所收到的实际效果。具体是指高校思想政治教育实践活动所完成的实际情况和活动实施前所预期的目标做比较的结果。这就可以从两个方面来分析，一方面是指是学校通过"两课"教育对学生进行各方面的教育，具体从做人的基本素质、道德法制观念、行为习惯、为人处世的原则、做事的态度以及对自己的确切定位等方面进行正确合理的引导和培养，学生自身从中得到的效果，以及对所学东西的认识、理解、掌握的有效程度。另一方面是指学校通过其他方式（非"两课"教育）对学生进行多方面的培养，如培养优良的道德品质、健康全面的综合素质、足够的修养以及高尚的人格等方面，学生能理解这些内容并主动认识、学习、消化吸收从而通过自身的一些思想或者行为表现出来的实际效果。由于高校思想政治教育实效性伴随大学生成长过程的始终，因此它与学校、社会、家庭和个人等各个因素都发生着千丝万缕的联系，因此，提高思想政治教育的实效性成为首要任务，只有这样，思想政治教育活动才有意义，这样的教育才能被大学生理解、接受，从而外化成自身行为。

二、高校思想政治教育实效性的特点

高校思想政治教育实效性的特点主要体现在以下四个方面。

（一）多层次与多维度的统一

由于受教育者个体品质的形成是一个漫长而复杂的过程，它必须遵循一定的规律和顺序，所以决定了思想政治教育实效性具有多层次和多维度的特点。从纵向来看，多层次性是思想政治教育实效性所表现出来的最突出的特点。由于思想政治教育的发展和受教育者自身品质的形成和发展都要经历一个漫长而曲折的过程，换句话说，思想政治教育作用于受教育者个体品质的形成过程都将受到时期、阶段或者是层面的不同而表现出不同的特点。如受教育者从最基本的懂得知、情、意、行到人生更高一个阶段的具有正确的人生观、世界观以及价值观；从最基本的受到学校规范制度或者老师的严格管理而遵纪守法到自觉遵守各项规章制度和具备高尚道德情操等都很好地体现了思想政治教育实效性的多层次的特点。从横向看，多维度是思想政治教育实效性表现出的最显著的特点。由于接受教育的对象的道德品质的形成是由反复性、多层次性以及复杂多变性相统一的。因此就使得思想政治教育实效性具有多维度特征，主要表现在近期效应和远期效应、外在效应和内在效应、静态效应和动态效应等。但是这些多层次和多维度的实效性并不是孤立存在的，它们是相互渗透相互影响的。准确理解和掌握思想政治教育的多层次和多维度的特点，有利于我们从不同的角度出发，利用不同的评估方案对思想政治教育效果进行实事求是的评价。

（二）外显性与内隐形的统一

思想政治教育的实效性主要是通过受教育者的个体和群体的实际行动以及举止来充分体现的。有些效果也完全可以通过受教育者接受教育的一举一动，一言一行，从而及时观察到受教育者教育的情况和信息来表现出来，这是实效性的外显特征。例如，遵纪守法、礼貌待人、爱护公物、助人为乐、见义勇为、尊老爱幼等方面的教育，教育者可以从教育对象的言行变化来衡量思想政治教育的实效性。但是，并不是所有的实效性都能一眼看出。有些实效性在现实中不会立即表现出来，它会以某种特定的并且是隐含的形式在受教育者的脑海里储存起来。例如，一个人对一件事的立场和态度，对某一行为的评价以及看法。这些如果不说不做的话，除了他本人外，其他人几乎无法了解，由此可以就将思想政治教育实效性的内隐性展现得淋漓尽致。思想政治教育要对受教育者产生效果必将是一个循序渐进、潜移默化的漫长的过程，它必须经过受教育者的知、情、意、信、行五个阶段，并且要从量变到质变，从他律到自律。这种效果不会立竿见影的表现出来，因为它不是一次性完成的。因此，教育者不仅要注意到受教育者的外在表现，更要学会关注受教育者的外在行为，并从中获取相关信息，从而来衡量思想政治教育的实际的效果。

（三）短期性与长期性的统一

高校思想政治教育的短期性主要针对一个具体的事件而言的，例如，一个专家的讲座、一次先进的事迹报告会、一次深刻的发人深省的谈话活动等等。这些教育实践活动的开展，可能在短时期内会影响或者改变大学生思想政治道德行为。但是这方面的影响仅仅是短暂的。长期性则是指大学生思想政治教育过程中对其思想道德素质的实现程度而言的，这不仅包括教育实效性实现的长期性，而且还包括实效性后期的影响力方面。在教育实效性实现的长期性方面，早在春秋战国时期的荀子就已经指出："今始涂之人伏木为学，专心一志，思索熟察，加日悬久，积善而不息，则通于神明，参与天地矣。故圣人者，人之所积而致也。"而在教育实效性的后期影响力发面，最突出的是对大学生的思想政治教育德育的影响力，如大学生人生观、价值观的形成和完善对他们以后的人生发展有着重大的影响力和持久力。

（四）滞后性和持久性的统一

所谓滞后性是一个相对的概念，它是从大学生的思想政治教育实效性的体现上来谈的。任何事情的发生与发展都是循序渐进的，大学生思想政治道德素质也不例外。它的形成与完善同样也需要一个漫长的过程，绝不是一蹴而就的。大学生要通过对思想政治教育的内容进行有目的的选择、消化直到吸收，只有保证这几个过程的完整性，那么思想政治教育的效果才会在受教者身上得以体现，使得思想政治教育的实效性能完全体现出来，否则就是空谈。但这一切的前提就是需要经过一段时间。我国古代著名的教育家，思想家孔子也认为教育实效性的体现是一个长期的过程，"如有王者，必世而后仁"。人们日常所说的人生观、世界观和价值观以及思想素质道德观念的形成和发展都不是一蹴而就的，也不可能会有"立竿见影"的效果，其实效性也必将经过时间的慢慢推移而凸显。高校思想政治教育要取得实效性必须要将大学生的知、情、意、行等各个方面都得到发展和提高。而大学生的这些方面要有所提高必将经过一个漫长的由量变到质变的过程。必须要经过一段时间才能显现，这就充分证明了思想政治教育实效性具有滞后性。高校思想政治教育对学生思想品德的影响和作用也是深远的，不仅仅是提高学生的思想政治素质，更重要的是其对于学生以后发挥的较为持久的作用与影响，甚至会是终身受益。因此，所谓的持久性实际上就是指对大学生思想政治教育以后，这种实效性的体现是比较有长久性，而这一方面主要表现在对大学生的世界观、人生观、价值观上。大学生们的这三观形成将会是一个漫长的过程，但是一旦形成一般不会发生太大的变化。

三、高校思想政治教育实效性的意义

郑永廷在《思想政治教育学科发展的历史与现状》一文中认为：思想政治教育学科在我国改革开放的历史进程中诞生，在排除各种风险与困扰中发展，在推进思想政治教育实际工作过程中丰富完善。自改革开放以来，我国社会经历了快速的跨越式发展，思想政治教育及其学科也同样经历了跨越式发展。思想政治工作在高校中也越来越凸显它育人的重要地位。

如何对大学生开展有效的思想政治工作是各高校共同关注的话题。加强和改进大学生的思想政治教育，提高他们的思想政治素质，把他们培养成中国特色社会主义事业的建设者和接班人，对于全面实施科教兴国和人才强国战略，确保我国在激烈的国际竞争中始终立于不败之地，确保全面实现小康社会、加快推进社会主义现代化的宏伟目标，确保中国特色社会主义事业兴旺发达、后继有人，具有重要深远的战略意义。这表明，加强和改进大学生思想政治工作是一项极其紧迫的重要任务，必须把加强和改进大学生思想政治教育的各项任务真正落到实处。

第二节 增强高校思想政治教育实效性的对策

如何具体的、全面的、实际的去解决这些影响高校思想政治教育实效性的因素，需要从以下几个方面改进。

一、增强高校思想政治教育目标实效性

明确思想政治教育目标是高校思想政治教育活动开展的前提和基础，它包含了时代对受教育者的要求，体现着国家、社会和教育者的热切期盼，规定了受教育者在思想政治品德方面的内容，指引着教育的方向和预示着教育的结果，在整个思想政治过程中起着方向引导、激励导向、纠偏保证的作用。高校思想政治教育要在目标具体明确化、社会化、生活日常化上下功夫，以提升思想政治教育的实效性。

（一）高校思想政治教育目标要具体明确化

思想政治教育目标具有实效性是整个高校思想政治教育工作具有实效性的基础，要想增强高校思想政治教育目标的实效性必须首先使其具体明确化，因为只有目标清楚具体，教育才会有明确的指导方向，方能实现高校思想政治教育的目标和任务。

高校思想政治教育目标总体来说包括个体目标和社会目标，思想政治教育个体目标就是其对受教育者所要求达到的预期结果，具体包括思想素质目标、能力素质目标、政治素质目标、道德素质目标、心理素质目标等；思想政治教育的社会目标是其在促进社会发展方面所要求达到的预期结果，具体包括经济发展目标、文化发展目标、政治发展目标、社会进步发展目标以及生态文明建设目标。高校思想政治教育的最终目标是为中国特色社会主义现代化建设事业培养数以万计的、德智体美劳全面发展的社会主义创新型人才，并最终为实现共产主义社会的崇高理想而奋斗。可以说，大学生思想政治教育的目标在一定程度上就是高等教育所追求的目标，二者具有共同性。由于在不同的历史发展阶段党的主要奋斗目标与任务是不一样的，与之相对高校的教育目标在不同历史时期也是不同的，所以高校思想政治教育目标在社会发展各个时期也是不同的。要实现高校思想政治教育目标的具体明确化必须要做到以下两点：

1. 教育目标的制定坚持差别性原则

思想政治教育目标的差别性体现在两方面，一方面是高校在制定思想政治教育目标时要以党和国家的宏观目标为基础，也要以本校的实际状况为主要依据，制定符合本地区、本学校发展需要的目标，各学院要严格按照学校思想政治教育目标有目的、针对性地制定符合本学院、本专业发展的具体目标，班主任老师及其专职辅导员教师更要从己做起，制定符合本班级、甚至符合每个学生个体发展需要的目标。另一方面是在高校思想政治教育过程的不同阶段，制定不同的目标。针对不同阶段、不同主体制定思想政治教育的具体目标，体现了教育的科学性以及人文性，是对教育客体的一种尊重，增强了教育目标的感染力，从而增强教育目标的实效性。

2. 教育目标要实现一定的量化

高校思想政治教育目标要实现具体明确化，不仅要有质的规定，还需要量的规定，防治目标过于抽象和笼统。比如在西华师范大学的思想政治教育过程中明确规定学生要学习的思想政治理论课程、迟到早退旷课的上限次数、必须修满的课时学分以及参加课堂讨论、社会实践次数等等，这些都是极其容易量化的。量化了的目标直接明了，更具实效性，但是我们也必须承认要把思想政治教育的目标——量化绝对不是易事，只要符合量化的目标就必须进行量化。

（二）高校思想政治教育目标要生活日常化

思想政治教育对像是一个个鲜活的人与现实的世界，因此高校思想政治教育的目标必须来源于学生的现实生活、贴近学生的实际、力求解决关乎学生切身利益的实际问题。思想政治教育生活化的真正内涵是通过活生生的社会教育启迪学生，并使学生自觉用科学的方法思考生活、创新生活、享受生活，在活生中内化道德规范，最终实现我们的思想政治教育目标。

高校作为社会的重要组织，受改革开放和社会主义市场经济的影响越来越大，大学生的学习方式、生活态度、就业择业等也发生了重大变化。现阶段，大学生群体面临的主要问题是学业压力、经济压力、工作压力、感情问题、心理问题、社会交往等问题，大学生群体实际生活中存在的问题和压力，就是高校思想政治教育者科学制定教育目标的根本前提与重要依据，只有解决大学生思想问题而且解决实际问题，才能证明教育价值的真正实现。高校思想教育目标要贴近学生生活实际，解决学生最关心、最现实、最实际的问题，并不是削弱思想政治教育的政治性、阶级性，反而是以生活化的目标潜移默化地巩固、稳定思想政治教育的政治性。

（三）大学生思想政治教育目标要社会化

高校思想政治教育目标必须反映时代发展与社会进步的要求，原因主要体现在两个方面：第一，高校思想政治教育目标与社会、国家奋斗目标具有内在一致性，思想政治教育目标的确立必须与时代发展相适应，与国家的历史使命、奋斗目标相适应；第二，思想政治教育目标不仅包括促进个人的全面发展，而且包括促进社会的全面进步，并且促进个体的全面发展最终是为实现社会的全面进步服务。基于以上两点原因，大学生思想政治教育目标要顺应历史发展的潮流、服从和服务于社会政治、经济、文化、生态的发展。实现高校思想政治教育目标的社会化需做到以下两个方面：

1. 思想政治教育把促进学生的个人发展与服务社会相结合

高校思想政治教育引导学生健康成长、快乐成长，更要体现国家的奋斗目标，通过课堂、社会实践活动对学生施加国民经济教育、政治民主教育、文化繁荣教育、人与自然和谐的生态教育，提升学生民族意识、国家意识、社会公民意识、生态环境意识，从而为国家与社会的建设提供足够强大的精神动力与人才支持。

2. 思想政治教育把实现学生个体价值与实现伟大民族复兴"中国梦"而奋斗相结合

2013年3月17日刚刚当选国家主席的习近平同志正在第二次全国人民代表大会第一次会议的闭幕式讲话中九次提及"中国梦"。系统阐释了国家富强、民族振兴、人民幸福、社会和谐的"中国梦"。"中国梦"归根结底是人民的梦，体现、代表着每一位人民群众的利益与梦想，因此，"中国梦"的实现离不开每一位人民群众矢志奋斗，更离不开最富有生、最富有理想队伍青年大学生的奋斗努力，如习近平总书记在五四青年节与社会各界优秀青年代表座谈会的讲话中所说："中国梦是我们的，更是你们青年一代的。中华民族伟大复兴始终将在广大青年的接力奋斗中变为现实。"

因此，对大学生进行思想政治教育不仅要着眼于实现学生的个体价值，更要引导教育学生把实现个人价值与社会事业、国家的奋斗目标紧密结合，引导大学生深刻把握"中国梦"的实质争做拥护中国道路、弘扬中国精神、凝聚中国力量的时代表率，为伟大民族复兴梦的实现做出应有的贡献。

二、提升高校思想政治教育主体素质

教育主体即思想政治教育活动的组织者、实施者与调控者。对此，提升高校思想政治教育的主体素质对增强高校思想政治教育的实效性显得格外重要。

（一）坚持以人为本，对学生施与人文关怀

高校思想政治教育的直接对象与出发点就是在校大学生，他们是一个充满朝气、积极向上的群体，同时也是一个存在多种问题的群体，高校思想政治教育者不仅要做学生的老师、长辈，更要做学生的朋友。因此高校思想政治教育者只有坚持生本教育，真正做到关心学生、爱护学生、尊重学生、理解学生，对学生施与人文关怀，才可能受到学生的尊重，得到学生的认可，从而推动高校思想政治工作的顺利高校开展。思想政治教育坚持人文关怀已经得到中央的高度重视并被放在教育的突出位置，2010 年 9 月，胡锦涛在中共党的十八大报告上明确指出"加强和改进思想政治工作，注重人文关怀和心理疏导"。思想政治教育人文关怀就是坚持以人为本，以学生为本，是从根本上贯彻落实科学发展观。"将人文关怀引入思想政治教育，让受教育者更多的感受到关怀而非说教，从而使人们认识到思想政治教育工作不是一种外在的或强迫施加于人的东西，它与人自身的需要和利益是一致的而不是相悖的"，由此可见教育主体真挚的情感教育、情感交融、情感渗透是对学生进行人文关怀的核心和关键。这就要求高校思想政治教育者在传播教育内容、信息与教育客体进行沟通交流过程中要摒弃传统唯主体论、"靶子论"（传统传播学认为大众传播的受众是完全被动的、毫无自卫能力的靶子）以及教育者自我优越感，放下身段、端平心态，从思想深处真正尊重学生，与学生建立平等、双向互动的良好关系，因为随着社会的发展与科技的日新月异特别是网络信息技术的迅猛发展，教育主体与客体之间存在的信息位势差、时间差和数量

差越来越小，在信息接收的速度、广度和宽度上差距也越来越小。

另外，高校思想政治教育者在与学生平等相处的基础上要对他们进行情感的教育而非填鸭式灌输，只有对学生动之以情，方能晓之以理、导之以行，可以说思想政治教育过程中师生情感的建立是通向教育效果的桥梁。苏联著名教育家苏霍姆林斯基曾说："情感——这是道德信念、原则和精神力量的核心和血肉，没有情感，道德就会变成枯燥无味的空话，只能培养出伪君子。"在高校思想政治教育过程中教育者要对学生付出情感，想学生所想、急学生所急，给学生以温暖和帮助，消除学生对自己的胆怯，提升教育者的人格魅力与自我感召力，让整个思想政治教育成为充满情感的人性化的工作。

（二）坚持严格要求，注重提升自身能力素质

高校思想政治教育主体作为教育活动的组织者、实施者、承担者、管理者，要想增强自身的说服力从而增强教育实效性，必须严格要求自己，全面提升自身素质与工作能力，培养为人师表的人格魅力，如马克思所说："如果你想感化别人，那你必须是一个实际上能鼓舞和推动别人前进的人。"

1. 全面提升教育主体自身能力素质

高校思想政治教育主体必须具备教育者的素质和能力，否则就会丧失整个高校教育系统的功能。因此增强高校思想政治教育的实效性，教育者本身就要严格要求自己，提高自身各项素质，争取由合格的思想政治教育者向优秀的、专家化的方向发展，不能以其昏昏使人昭昭。高校教育者首先要提升自身的政治素养，毫不动摇地坚定马克思主义立场与共产主义信念，拥护中国共产党的领导，这是一名社会主义教育者必须具备的具备素质；高校教育者要提升自身的思想素质，形成辩证唯物主义与历史唯物主义的世界观、人生观、价值观，在教育过程中坚持和贯彻实事求是的作风、民主的作风、善于批评与自我批评的作风等；教育者自身的道德品质如何，是一种无声的教育力量，对学生产生潜移默化的影响，因此教育主体要不断提升自身的道德修养水平，要不断反思、改过并且笃行；高校思想政治教育者还必须拥有健康的心理、健全的人格，要培养广泛的兴趣爱好，要具有较强的自我控制能力与自我调节能力，还要具有良好的性格来面对复杂多样的教育对象处理纷繁复杂的各种问题；教育主体还必须不断提升自己的智能素质，即不断完善自身知识结构、智力结构与能力结构。高校思想政治教育者既有高尚情操又有智慧能力，自然会受到学生的尊重与敬仰，增强教育的渗透力与实效性，这就真正体现了"其身正，不令而行；其身不正，虽令不从，不能正其身，如正人何"（《论语·子路》）这句话。

2.教育主体要培养自身人格魅力

教师个人的人格魅力是塑造学生健康人格的前提和保障。教育者的人格魅力是教育者形象、素质、品质、能力的综合体现，对教育对象具有极强的吸引力，思想政治教育要想教育人，除了真理的力量之外，还必须依靠人格的力量。"通过对全国优秀思想政治课教师的观察、研究，人格魅力往往是政府学生的一种无形却无比强大的力量。乐观、理性、积极向上、热爱生活的教育者才能潜移默化地影响学生的世界观、人生观和价值观。"在实际的思想政治教育过程中，我们不难发现那些经验丰富老道的老师、知识渊博有才的老师、情感丰富饱满的老师、衣着大方得体的老师、声音抑扬顿挫的老师、语言幽默搞笑的老师往往更能吸引学生、感染学生。更能引起学生的学习兴趣，点燃学生的学习热情，从而增强思想政治教育的实效性。可以说教师的高尚人格是一股潜在的巨大正能量，不仅对大学生起到激励引导与榜样示范的作用，而且能推动思想政治教育工作的顺利开展。

三、增强高校思想政治教育内容科学性

内容是活动的主体，也是活动的灵魂所在，而高校思想政治教育的内容同样也是思想政治教育的主体。因此增强高校思想政治教育实效性必须要在其内容科学化上下功夫。要想切实增强高校思想政治教育内容的科学化，就要实现教育内容的真理性、教育内容的时代性、教育内容的层次性与教育内容的目的性。

（一）高校思想政治教育内容要具有真理性

思想政治教育内容的真理性是其是否具有实效性的基本前提。"理论只要说服人，就能掌握群众；而理论只要彻底，就能说服人。"科学性、正确性是思想政治教育内容真理性的本质特征。

内容的真理性主要是指高校思想政治教育理论课教学内容的真理性。真理，是指人们对客观存在的事物的本质和内在规律的正确反映，与谬误相对。高校思想政治教育理论课教学内容的真理性主要体现在内容的制定顺应时代发展的潮流，符合社会发展的规律，既与马克思主义一脉相承又在中国特色社会主义建设的伟大实践中不断与时俱进。高校思想政治理论课内容越具有科学性、越能反映党的先进性，越能引起学生的注意力，越具有吸引力，从而越具实效性。因为从心理学的角度分析，人人都有追求真善美的欲望和倾向，正常的人很少会排斥、拒绝真理。高校最根本的任务之一就是要实现思想政治教育内容的真理性，这就要求高校必须要以马克思列宁主义、毛泽东

思想和中国特色社会主义理论体系为指导，对大学生进行彻底的实事求是的辩证唯物主义与历史唯物主义教育、基本国情教育、爱国主义教育、形势政策教育，进行人生价值教育、艰苦奋斗教育、民主法治教育、"四德"教育等，尤其要以社会主义核心价值体系全面武装大学生，使大学生掌握科学的方法论，形成正确的世界观。

（二）高校思想政治教育内容要具有时代性

思想政治教育内容的时代性是指教育内容要紧跟时代发展潮流、反映时代发展大局与大势，时刻保持着与时俱进、发展创新的精神态度。从传播学的理论来讲，那些重大的、刚发生的新颖的事件往往能够吸引人们的注意力，引发人们之间的激烈探讨和社会的深思，如果思想政治教育者以及时、高效、有计划、有策略地选择一些刚刚发生的重大的事件进入学生课堂，一改传统思想政治教育课本内容知识的刻板、陈旧性，那么必然会引发学生们学习的欲望，增强高校思想政治教育的实效性。一方面，提升高校思想政治教育内容的时代性，要求高校教育必须服从服务于社会主义现代化改革开放的全局，把思想政治理论课与中国特色社会主义现代化建设事业、我国全面深化改革开放的实际紧密结合起来，理论与实际相结合引发学生对现实问题的思考，使学生对思想政治教育内容产生认同并从心里面自觉愿意接受思想政治教育。另一方面，提升高校思想政治教育内容的时代性，必须深入开展社会主义核心价值体系学习教育，这是高指导当前中国特色社会主义现代化建设事业更好发展的最强精神力量。社会主义核心价值体系是兴国之魂，是社会主义先进文化的精髓，决定着中国特色社会主义发展方向，它让高效思想政治教育具有方向性、先进性和时代性，也为大学生形成正确的价值观提供了保障。总之保持高效思想政治教育内容的时代性就要不断汲取现代思想、文化、科技、艺术等的最新成果，使思想政治教育内容不断更新、丰富、发展，从而增强高校思想政治教育的实效性。

（三）高校思想政治教育内容教育层次性

教育内容的层次性体现了思想政治教育差异性原则，它要求思想政治教育者在确定所要教授的内容时要充分考虑学生的实际情况，比如学生的学制、年纪、年级、专业等。高校思想政治教育的对象（大学生）不仅在纵向上如年龄、年级等等方面存在差异，而且在横向上如兴趣爱好、知识结构、性格气质等方面也存在着差异，因此"思想政治教育绝对不能用单调的内容、如出一辙的方式，必须从教育对象的生理、心理和思想实际出发承认个体发展的差异性，注重个体的多样性与丰富性，理解教育对象的个性并施与不同的教育"。人的思想品德的形成和发展是阶段性和连续性相统一的过程，是比较低级阶段不断向较高阶段发展，因此在不同的发展阶段就要相应实施不同的教育内容。

（四）高校思想政治教育内容具有目的性

在高校思想政治教育内容系统中，决不允许没有明确目的的要素存在，因为没有目标的因素会使内容系统产生内耗，从而影响整个内容系统功能与作用的发挥。思想政治教育内容系统包括很多的要素，每个内容要素都有自己的明确目的，比如政治教育主要是培养人们形成正确的政治观点、政治立场、政治情感、政治态度等，道德教育主要是培养人们高尚的道德情感、道德情操等等，但是这并不是说思想政治教育内容系统就有多个目的，而是只有一个目的就是培养教育对象形成一定社会所要求的思想品德。各要素目的必须要与这个整体目的保持一致，并为之服务。

实现高校思想政治教育目的，要求高校思想政治教育者首先要深入了解学生、真正关心学生、掌握学生面临的实际突出问题及其现实需要，"没有调查就没有发言权"，有了调查研究，就为有目的性、有针对性地开展思想政治教育工作提出了充分的准备。掌握了学生的具体情况之后，教育主体开展工作就会游刃有余，针对学生的问题对症下药确定思想政治教育的内容。围绕学生所关注的问题、困扰学生的现实问题如心理焦虑问题、社会恐惧问题、人际关系失败问题逐一进行引导教育，如西华师范大学针对违规大学生创造性地举办了"违规学生成才教育辅导班"，对违规大学生进行有目的性、有针对性的教育引导这种辅导班既不会违规学生觉得难堪，同时又可以真正教育学生，引发他们的思考和思想行为的良好转变。根据学生的实际情况选择具有明确目的性的思想政治教育内容对学生进行教育，会使整个教育过程紧凑有序，集中火候集中教育力量，指引带动学生，调动学生的注意力和积极性，从而推动高校思想政治教育的高校开展。

四、增强大学生思想政治教育方法实效性

思想政治教育方法作为思想政治教育系统的重要因素，对其产生重大影响。增强方法实效性要在方法革新、方法综合以及方法的人性化上下功夫。

（一）高校思想政治教育方法要不断创新

思想政治教育的方法必须要用创新来代替以往的单一的填鸭式的既有方法，要力争体现思想政治教育的人文关怀，把传统的"灌输——接受"构架

向"主体——客体——主体"的构架转变，增强思想政治教育方法的人性化。

1.赏识教育方法

对大学生进行思想政治教育，更要注意赏识教育方法的运用，因为他们正处于生理、心理的剧烈变化期，自尊心极强、心理比较敏感脆弱，并且他们的自我意识越来越强，他们希望可以像成人一样能够参加各种社会活动，渴望得到他人的认可、尊重、欣赏，这时高校教育者对大学生施与赏识教育而非简单批评教育，不但可以维护学生的面子尊严，增强学生的自信心，从而引导学生顺利通过"断乳期"，向身心健康的方面发展。

2.对话教育方法

对话教育方法体现了教育者与学生之间地位的平等，是对传统教育主体中心论的驳斥和批判。思想政治教育活动本来应该是教育主体和教育客体在交往中共同创造意义发展道德的活动，是两者之间的交往对话活动。想要有效地对大学生进行思想政治教育，教育主体就要采取平等的对话方式与学生进行沟通交流，把社会所主导的思想观念、价值观点等潜移默化地渗透到对话内容中，让学生在不知不觉间接接受教育内容，内化为自我意识，并将内化的自我意识主动外化为良好的行为习惯，实现教育主体客体化与教育客体主体化过程的辩证统一。对话教育方法体现了和谐教育理念，缓和了师生的关系，增进了师生的感情，高校思想政治教育的实效性也自然会增强。

3.空闲教育方法

思想政治理论课是高校思想政治教育的主渠道，但是大学生除了在课堂学习之外，还有其他很多闲暇时间、自由支配时间，可以按照自己的兴趣爱好自主安排活动，闲暇与人的自由全面发展具有重大的内在联系。要增强高校思想政治教育实效性培养全面发展的社会主义新型人才，高校思想政治教育者必须要高度重视利用学生的闲暇时间、闲暇空间对学生进行教育。高校思想政治教育除了尽心尽力把握好课堂教育，还要了解、关注学生课堂之外的丰富生活，掌握学生闲暇时间所去的场所无外乎图书馆、自习室、体育场、宿舍、网吧等，所做的事情也无非包括看书学习、锻炼身体、网上冲浪等。在这些场所中利用学生课余时间从事的活动进行针对性的思想政治教育，往往不会使学生感觉到硬性灌输的压迫感，学生学习的积极性增加，使他们能在潜移默化中接受教育，大大增强了高校思想政治教育的实效性。

4.体验式教育方法

体验式教育方法与传统式教育方法截然不同，它是一种通过教育者主动创设特定的情景，与学生进行有效沟通并且引导学生亲自体验然后自我分析提炼的教育方法，"在教学实践过程中，将传授式模式与体验式模式教育结合进行教学，有利于学生接受的实现是一种有效的方法"。

一直以来传统式教育方法占据了高校思想政治教育传播的主导地位，但是教育的效果与教育的投入总是不成正比，苏霍姆林斯基认为："对青少年教育困难最重要的原因是教育实践赤裸裸进行，而处在这个年龄的人从本质来说不愿意接受有人教育他。"而体验式教学方法弥补了传统教育方法的缺陷不足。体验式教育方法不是一种赤裸裸的思想政治教育理论说教，而是一种间接性、渗透性、隐性的教育方式，它侧重于通过学生的自我实践、自我体验、自我感知引发内在的道德认知冲突并形成正确的价值观念。

利用体验式的教育方法对学生进行思想政治教育，就是将思想政治教育与学生的实际生活、社会实践结合起来。高校思想政治教育者要为学生创设社会实践的活动等让学生体验、感受真正生动形象的社会教育、生活教育、现实教育，从而消解学生对思想政治教育内容硬性灌输的抵触反感心理，让学生从潜意识中自觉自愿接受思想政治教育。

（二）高校思想政治教育方法要不断综合

1.传统教育方法与现代化教育方法的综合

我国思想政治教育方法的发展经历了几千年的历史，特别是儒家的伦理方法奠定了我国传统教育方法的基石，形成了比较系统的传统方法教育方法。传统的教育方法主要有教化方法、修身方法，教化方法本质上就是灌输教育，方法主要有教育灌输、教育者的身教师范、践履笃行；修身方法是一种自我修养、自律自教的方法，主要包括学与思相结合方法、自我反省方法以及高境界的慎独方法等。

不可否认的传统思想教育方法具有阶级的局限性，但是这些教育方法对于我国现阶段的思想政治教育工作具有借鉴意义，因此教育者不能简单地否认、抛弃传统的思想政治教育方法，要对它们进行批判的吸收，为传统教育方法注入新的内容活力，并且与现代思想政治教育方法如心理咨询法、对话教育法、体验式教育法等有机地融合，集两者之精华，从而提升高校思想政治教育的针对性与实效性。

2.国内教育方法与国外教育方法的综合

思想政治教育是社会主义国家的重要教育方式，在世界其他国家同样重视思想政治教育的重要作用，并且其他国家尤其是西方发达国家已经形成了十分成熟的公民教育理论及其成功的公民教育方法，我们要学习借鉴别国成功的思想政治教育方法移植到我国经过改造后为我所用。当然，国外思想政治教育成功的方法很多不可能——列举，这里主要摘论两点。

一方面，国外的思想政治教育注重灌输与渗透相结合，重视显性教育更加注重隐性教育，重在教育引导。灌输理论强调教育主体对教育客体的说教灌输，但是灌输绝不是硬性的填鸭式的蛮灌。在国外，许多国家对公民进行思想理论的灌输，但是这种灌输往往是隐性的、无形的、不断渗透的。例如美国就强调通过营造学校德育环境对学生进行渗透教育，这种无形的。隐性的教育方法比我们实施的显性的教育方法更容易让学生接受。

另一方面，国外重视思想政治教育的整体性，它是通过社会的广泛参与形成教育合力。西方国家非常注重家庭、学校、社会等的互动配合，形成一个覆盖全社会、全方位的思想政治教育网。例如美国除了重视利用家庭、学校、社区对人们进行思想政治教育外，更"不惜大量投资，长期进行教育场所和教育环境建设，在全国各地建立了许多纪念馆、博物馆、国家公园、展览馆等"，这些集中体现了美国精神和价值观，是美国政府对国家公民进行思想政治教育的一本生动形象的教科书。我们要善于向别人学习先进的东西成功的经验，借鉴其他国家成功的思想政治教育方法，做到"洋为中用"，把洋方法与本土方法有机结合，从而增强高校思想政治教育方法的实效性。

第三章 新媒体时代高校思想政治教育模式转变研究

第一节 新媒体时代高校思想政治教育概述

一、新媒体的概念

（一）新媒体的内涵及其演进

新媒体在中国的发展时间虽然不长，但它给人们的学习、生活带来了翻天覆地的改变，成为学术界讨论的热点和尖端问题。民众对新媒体广泛关注。但何为新媒体，并非每个人的看法都相同，当然对于新媒体的认识也非所有人都持一样的态度。

关于"新媒体"的内涵尚未统一，专家们也是各执一词。各类学术机构、学者、专家等都从各自所处的不同领域，从不同的视角对新媒体进行了定义。陈晓宁教授尝试对新媒体进行系统化研究。他指出，"新媒体"是一个相对概念，即"新"与"旧"的阶段。例如，相对于报纸来讲，广播是新媒体，而相对于广播、电视，网络是新媒体"；匡文波表示，"借助计算机（或具备相似计算机特质的数字设备）传播信息的载体。当前，新媒体主要包括互联网、手机等媒体，因为这些都具有真正的互动性"。学者徐振祥指出："新媒体（New Media）是紧紧依托数字技术、移动互联网通信技术、互联网络技术等新技术向受众提供信息技术服务，其有别于传统的书信、电话、广播、报刊、电影、电视等媒体。随着全球数字技术的迅猛发展，包括网络电视（Web TV）、虚拟社区、对话链（Chat words）、播客、博客（blog）、简易聚合（RSS）、IPTV、手机短信、手机报纸等在内的各种类型的新媒体日益深入地影响到人们的日常生活"。中共中央党校的唐霞对新媒体的定义："相对传统媒体而言，新媒体综合运用了数字技术和网络技术，并通过互联网、宽带局域网以及无线通信网、卫星等渠道，通过电脑、手机、数字电视等终端向用户提供大量信息和多种娱乐服务的新型传播形态。可以说，新媒体是联系信息科技与媒体产品的一种新兴载体，是媒体传播向市场化发展的趋势和方向。"虽然学者们给出的定义不同，但可以肯定新媒体只是一个相对概念。随着科技的不断迅猛发展，新媒体的类型也在不断涌现，传播内容也更加丰富多彩，现在我们相信，新媒体在不久的将来会成为未来几代人的老媒体。

从学者们新媒体的界定分析中我们可以首先可以确定的是新媒体是相对于"舞台媒体""纸质媒体""电视广播媒体"等传统媒体的新型媒体。但新媒体并非独立于"旧媒体"而孤立发展，它是建立在传统媒体的基础上，以规范和非规范化的信息为内容、以互联网为引擎、移动电子数据为载体，为个体提供的自主化、个性化的信息交流媒介。信息传播不再是点对点的线性单向传播，而是在网络空间维度中的交互式传播。新媒体使得个体既是信息的接受者，也是信息的传播者甚至是发起者，这样个体不再只享有单方面接受和处理信息的权利，还要具备辨析判断和理性控制信息的义务。

（二）新媒体的类型

新媒体的类别很多，主要有信息网站、搜索引擎、网络社区等；网络游戏、数字视频、网络直播等新型娱乐媒体；QQ、微博、微信等新型社交媒体；网络购物、电子支付等新型生活服务媒体；电子期刊、电子书等等。在它们中，有的属于新媒体形态、还有的属于新媒体软件、硬件以及其他服务方式。其中，对民众日常生活影响最大的当属网络媒体和手机媒体。

通过参阅很多资料，很多人把楼宇电视、车载电视也划归为新媒体。笔者认为这是一种误读，应当正确看待。笔者认为，楼宇电视、车载电视充其量只是终端传输者，不具备互动功能，民众通过它们只能被动接受，而不能主动选择。因此只能属"新兴播放渠道"，并非真正意义上的"新媒体"。

（三）新媒体的特征

1. 交互性

互联网与移动电子数据的结合时代，挑战传统媒体权威信息传播的单项性。新媒体带来的网络数据的快速流转，使得信息内容门槛迅速降低，逐渐去权威化，传统媒体不再是信息的掌控者和传播者，互联网上的每个个体对所接收的信息给予评论，也可以成为信息的发起者和传播者，他们之间通过互联网实现了掌握信息数据的媒体与个人之间产生的互动关系。新媒体的交互性主要体现在：一是信息受众者在接受信息的同时给予媒体及时的信息反馈；二是信息的传播者和受众者的身份不再是固定的而是随着信息的流转变更交换角色；三是多种新媒体形式交叉传播以对受众者产生连续性影响。

2. 非线性传播

新媒体的成长与发展是建立在互联网运行的基础之上的，在巨大的网络搜索引擎的作用下，信息传播突出及时性和反复性等特征，又由于移动电子技术的技术性创造使得每个个体可以掌握微型媒体，例如网络智能手机。个体利用微型媒体接收信息、转发信息甚至是创造信息，这种由个体联系起来的空间多维度传播模式打破了像传统媒体从点到点的一次性线性传播模式。网络数据的海量存储使得新媒体信息内容，包括图文信息、音频信息等超越时间线的反复点击从而达到信息内容在空间内多维度传播。

3. 个性化

传统媒体强调信息完整和准确并适用于最广大受众者的信息处理能力，相对于此，由于新媒体受众本位的回归更加突出信息个体个性化的特征。上文提到个体利用微型媒体接收信息、转发信息甚至是创造信息，在个体传播信息和创造信息的过程中意欲表达个人的思想、情感或价值观念等，所以当新媒体与个体相结合势必突出个性化的特征。网络数据与智能电子设备的完美结合为每个个体创作一个接收—反馈—制造—传播信息的便携式平台。信息共享不再拘泥于僵化的内容、方式以及风格，个体可以自主处理信息，满足个体信息表达的个性化需要。

4. 多媒体化

新媒体是相对于"旧媒体"也就是传统媒体而言发展起来的新型媒体，"旧媒体"总体来说包括报纸杂志、户外广告、舞台表演、广播电视等，新媒体的发展是对"旧媒体"的功能、内容、传播模式等进一步提升，而且在此基础之上以互联网为核心，以移动电子设备如智能手机、平板电脑（iPad）、电子书（Kindle）等为数字应用软件的载体，集新闻信息、影像记录、影音视频、游戏娱乐、消费购物于一体的多媒体化形式。互联网与移动数据相结合创造出具有多项功能的便携式媒体。

（四）新媒体的功能

新媒体是以现代信息技术为主导，以网络信息、卫星以及无线通信网等介质为依托，通过有线或无线的方式进行信息传送的一种新兴媒体形态。新媒体技术具备信息普范传播功能、沟通互动功能、电子商务功能、多元文化传播等功能。多媒体娱乐功能代表了人类传播方式的革命性飞跃，加快了新的文化生产、传播方式，加大了对社会舆论的传播速度和传播途径的影响，对高校学生的学习生活产生重大影响。

如何正确运用新媒体，发挥互联网资源优势，激发新媒体释放强大动能，抓住其给大学生思想政治教育带来的机遇。不断深度挖掘新媒体技术所承载的思想政治教育方面的功能，进一步明确当代思想政治教育创新思路，有效推进大学生思想政治科学化述评，是当前高校思想政治教育面临的崭新课题。

1. 信息普范传播功能

基于互联网基础之上强大的计算机信息处理功能，相比传统媒体时代，信息受众群体更加广泛，以综合新闻信息服务为核心的大型商业门户网站不断涌现，如：搜狐、新浪、网易；还有以信息搜索、知识问答、娱乐购物为内容的综合业务的搜索引擎网站大量涌现，如百度、谷歌等。新媒体时代下新闻信息在空间维度内以"网状"形式进行传播，使得报纸杂志、电视传媒和新闻机构等传统媒体纷纷在互联网上建立自己的平台，如：人民网、新华网等，与新媒体的结合为传统媒体增添了活力和生机。

2. 沟通互动功能

普通大众运用互联网查看新闻、接收信息，而这并非新媒体信息传播的终点。例如现在被广为应用的微博，是一种基于互联网平台，实现用户信息传播、信息共享的途径，通过微博客更能表达出每时每刻的思想和最新动态，而博客则更偏重于梳理自己在一段时间内的所见、所闻、所感。普通大众将类似于微博这样将互联网和移动电子数据掌握在手，不再只是信息接收者的单一角色，人们通过手中的新型媒体对接收到的信息进行更广泛的传播，或者评论表达对信息内容的观点和评价，甚至是自己生成某种信息进行传播并接收来自其他互联网终端的反馈，这种反复循环的过程就是新媒体所具备的强大的沟通互动功能。

3. 电子商务功能

一个新的产品的产生必然会带来新的消费模式。当经济交往活动与互联网和电子数据相结合时，经济发展也迎来新的发展时代。电子商务指在当前全球开放的网络环境下，全球各地商业贸易活动更为广泛和深入，依托数据终端，买卖双方不需谋面即可轻松进行交易，从实各种商贸活动，同时，消费者能够更方便地进行网购、买卖双方可以更方便地实现网上交易，并且通过电子支付。电子商务包含各种商务活动、交易活动、金融活动等一系列综合服务活动，是一种全新的商业运营模式。电子商务模式具体包括阿里巴巴的 B2B（Business to Business 的缩写，是指企业与企业之间通过网络交易模式）、京东的 B2C（Business to Customer 的缩写，中文简称为"商对客"。也就是通常说的直接面向消费者销售产品和服务商业零售模式）、淘宝 C2C

（Customer to Customer，即个人与个人之间的电子商务模式）电子商务模式等。经济活动与网络和科技的完美结合，从现金支付到信用卡支付再到网络电子支付、商品流动从实体交换到虚拟交换转变了消费者的消费理念，拓宽了经济交易的渠道，促使市场信息流动更加快速及时。

4. 多元文化传播功能

区别于传统媒体传播宣扬社会主流价值观、历史文化知识和思想意识等，新媒体所传播的文化内容更加丰富和多元化。由于新媒体的"低门槛"的特性，使得异彩纷呈的科学文化知识、价值观、道德观念、思维方式等文化形式在互联网的平台上相互交流或博弈，而在此过程中，广大网络群众受到多元文化的深刻影响，不断改变形成新的思想观念。新媒体平台极大地丰富了文化的交流和传播，思想的碰撞能产生科学的火花，有利于人类文明的不断进步和发展，但与此同时，我们也应该注意到，网络平台一些不良信息、错误思想甚至腐朽观念也经常传播，对此我们要给予充分的警惕，汲取优秀文化充实自己，抵制错误思想侵蚀自己。提高自己的分辨能力，让多元化的文化得以科学和充分的利用。

5. 多媒体娱乐功能

多媒体娱乐功能是新媒体能够得到快速发展的催化剂，简易便捷的操作模式、多彩立体的音频效果以及虚拟竞技的游戏模式都是被广泛人群乐于接受新媒体的直接原因。据 CNNIC 统计，娱乐类网络应用——网络音乐、网络视频和网络游戏均居于前十位，其中，网络游戏是当前中国网民的第一大网络应用。

二、高校思想政治教育的理论基础

（一）高校思想政治教育的基本含义

高校思想政治教育是我国思想教育的一部分，思想政治教育的目的是为了引导全体师生从思想上认识到中国特色社会主义的重要性。通过对大学进行思想政治教育，为国家培养政治坚定、思想过硬、道德良好，具有专业知识的爱国知识分子。还引导他们塑造品格、树立正确人生观和道德观。在内容上，主要包括对政治理论、道德观念教育，还包括个人行为取向以及人与人之间的关系教育等等。教育对象为大学生和高校教职员工。

（二）高校思想政治教育的构成要素

思想政治教育能使大学生端正思想认知和能力认知，并在正确的思想指引下对完善素质结构，通过参与社会建设实现人生价值。为了提升高校思想政治教育的效果，有必要对探索思想政治教育的构成要素。把握高校思想政治教育的要素对于加强高校思想政治教育以及政治理论课的教学具有重大意义。高校思想政治教育的主要构成要素有四大方面：高校思政老师，主要由"两课"教师、高校辅导员、其他思想政治教育相关人员等；教育对象，主要是大学生；思想政治教育的内容和方法；思想政治教育的社会环境等。高校思想政治教育的过程就是四个要素相互作用的结果。

（三）高校思想政治教育的内容体系

1. 思想教育

思想教育是从内化和外化两个角度分别对大学生的思想意识进行建构和培养，目的在于帮助大学生塑造科学的价值观和人生观，实现自我人生价值。思想政治教育的重要性在于"有理想"。要引导学生树立远大的共产主义理想。从本质上讲，思想教育是对科学精神的一种思辨教育，大学生应科学的认识事物和现象，并掌握合理的应对方法，积极进取、开拓实践，以开阔的胸襟和乐观的心态面对生活和学习上出现的各种挑战，并最终成为一个素质全面的建设型人才。

2. 政治教育

高校政治教育的目的在于帮助学生确立为之奋斗的政治方向。是对大学生进行社会主义性质、理念和方法的教育。要使广大学生认识到基本国情，意识到在社会主义初级阶段，发展社会主义市场经济的重要性。引导学生结合"时"与"势"，认真探索维护与实现和平、稳定中国的条件，坚定走社会主义道路。培养大学生梳理强烈民族自尊心和社会责任感、培养良好的个人道德修养。新时期，在我国高等教育改革的新形势下，要把大学生理想信念教育作为重点教育方向。

3. 道德教育

弘扬传统中华民族美德，深刻理解和领会社会主义核心价值观，维护良好的个人品德形象，传承家庭美德，维护良好的社会公德与环境道德，并将内化的道德规范转化为外化的行为品质。高校道德教育，是一项基础性高等教育工程。道德教育，要在深化大学生对道德观念和爱国主义精神的基础上，形成最基本的价值观和行为准则，积极践行社会主义核心价值观，身体力行的践荣拒辱。

4. 心理教育

心理教育，主要指针对大学生的心理健康以及心理健康知识的教育，在大学生中开展心理咨询性教育，进行心理知识教育、答疑解惑以及发展教育，从而塑造和培养大学生良好的心理品质和心理素质。大学生心理压力主要来源于现实层面的经济压力，文化认同方面的选择压力等许多方面。对大学进行思想政治教育目的是锻炼出形成乐观的性格心态和坚忍不拔的品质，养成面对竞争激烈的形势下开拓进取、直面困难的勇气，引导大学生自强自立。高校在推进心理教育过程中，要注重大学生的人格、意志品质和能力培养，培养他们辨别解决情感问题和道德问题的能力，始终勇于面对困难，敢于挑战困难，不断克服困难。

三、新媒体时代高校思想政治教育现状及特征

（一）我国当代新媒体产业现状

随着数字技术、网络技术的不断进步，社会发展节奏的进一步加快，新媒体产业在我国呈现了高速发展的态势，无论是整体的普及程度，亦或是高新技术的发展速度，都紧跟住了世界新媒体行业的发展脚步，甚至有所创新。我国的新媒体产业目前发展现状主要呈现"规模大、发展快、全面性"等主要特点，截止到 2016 年 5 月份数据显示，我国网络公民数量已经达到 7.3 亿，其中移动端网民数量达到 6.6 亿。如此大规模的网民数量直观地体现了我国新媒体产业的发展现状，不仅如此，我国当代新媒体产业的发展实现了各类媒体的融合发展，移动端成为新媒体主要市场，对于新媒体时代出现的一些问题也逐步得到了监控。总体来说，我国新媒体产业呈高速发展的态势，同时有以下特点：

1. "多、快、好" 新媒体发展势头迅猛

科学技术是第一生产力。从数字技术产生，互联网兴起，到新媒体时代的全面形成，目前我国新媒体的发展已经不单单局限于社交平台和互联网络。还包括户外媒体、移动媒体、数字电视等其他新媒体类型，尤其值得注意的是。中国移动、中国联通、中国电信等通信运营商全面进入新媒体产业，改变了整个行业的竞争格局。新媒体产业呈现了一种多格局的全面发展态势。

随着中国经济的高速发展，新媒体产业在中国的发展似乎以更加夸张化的态势体现了中国经济的发展速度。从 2006 年中国网民规模的 1.1 亿到 2016 年的 7.3 亿，10 年的时间，中国网民的基数就翻了 6 倍以上。不仅仅是网民基数的发展，互联网技术的发展也十分迅速。以社交平台为例，从最初的打字通讯到后来的语音通讯、视频通讯。也只经历了短短几年时间的发展。

新媒体的迅速发展提供了更多优质的服务，全方位地改变了人们的生活

方式。与以前相比有所不同的是，在传统媒体时代，人们往往愿意为了看一个电视节目而提前很久就守在电视机前，而新媒体时代的今天，手机电视使得人们不再局限于电视机前，甚至不受时间的约束。这在满足人们观赏欲望的同时，也符合了当下快节奏的生活方式。所以说，新媒体带来了生活方式的变革。

2. 市场化、规范化的不断实现

目前我国对于新媒体产业的相关法制已经不断健全，对于市场准入、融资、政策等不断成熟，可以说新媒体的发展随着国家支持的不断提升，也必然会加快发展的脚步，实现规范化运营。

中国的新媒体产业尤其呈现一种"寡头经营"的态势，比如在社交通讯方面，腾讯的QQ、微信，几乎占据了社交平台的大半江山；在微博方面，新浪占据了最多的用户量；而在搜索引擎方面，无疑百度是最大的赢家。这种大规模的企业在发展时，一般会提供相对科学性的内容和合法化的方式。但是新媒体时代，利用网络诈骗、盗窃、敲诈等实施违法行为的人也大量出现，一方面政府要进一步完善网络相关法律，另一方面，网民也应当具备相应的辨别能力。

3. 大直播时代，新媒体发展的新领域

说到目前新媒体技术发展最为火爆的领域，那无疑就是直播平台莫属了。所谓直播平台，是指运营商自己培养直播明星或签约直播明星，搭建一个平台化的网页或者APP，供网民观看娱乐。最早的YY直播，到现在的迎客、快手、斗鱼TV、熊猫TV等平台的一个个出现，目前中国互联网乃至全世界的互联网都呈现了一种大直播时代的娱乐方式。这种方式一般具有娱乐性、互动性的特点，即观看者和直播者可以通过网络进行交流和互动。而直播的内容也相当丰富，包括唱歌跳舞等才艺类节目；包括直播游戏、视频等娱乐芥末；包括直播户外生存、现场类的节目；甚至出现了直播做饭、吃饭等相关内容。

其内容上的千奇百怪令人咋舌，同时直播平台产生的效益也令人匪夷所思。一些观众会对自己喜欢的主播"大手笔"的送礼物，更有传言某直播平台签约某主播身价达到两千万人民币之高。

大直播时代现象，是新媒体产业在我国发展的一个缩影。其另类的表现形式符合当下快节奏的生活方式，但同时也产生了诸多问题。例如很多色情、暴力的直播内容，不仅容易令观众感到不适，也容易形成错误的价值观误导观众，政府网络安全部门对此应当予以重视。但从这个直播文化的趋势可以看出，新媒体时代已经全面到来并将以更快的速度发展。如何把握好新媒体产业发展趋势，利用其优势，避免其可能产生的问题，是目前我国新媒体产业发展所需要面对的问题。

（二）新媒体时代高校思想政治教育的特征

1.尊重大学生个性特点

大学生的年龄普遍在 16 ～ 22 岁之间，处于这一年龄阶段的大学生正是世界观、人生观、价值观的形成阶段、包括大学生的个性特点也在逐渐完善的过程当中，正是由于大学生自身的身心特征，新媒体为其开辟了表达个性、抒发情感、自有沟通的"新天地"。高校思想政治教育在课程安排、知识结构和教育教学过程中遵循大学生身心发展规律，坚持尊重大学生个性特点的原则，强调思想意识形态教育的灵活性和实效性。

2.试用虚拟空间沟通

QQ、微博、微信等社交媒体为大学生的人际交往提供了更轻松和便捷的途径和手段。而这种虚拟社交模式运用在高校思想政治教育中，由于交流双方多以匿名的方式进行，减少了来大学生与教师之间的沟通障碍或其他社会因素的干扰，从而实现师生之间更好地交流思想传递情感，并且有利于保护个人隐私和言论自由。因此，大学生通过在线交流相互表达想法和感情，同时，还希望与老师和学校管理者进行平等对话，从而获得他们的尊重，解决各种问题。

3.价值观念更加多元

新媒体时代，高效率信息传播，无障碍的信息交流，使得高校大学生无论是接收信息还是发布信息都变得相当便捷。高校大学生作为新生事物接受能力比较强的群体，也首当其冲的受到了新媒体时代的冲击。全球化的网络使得全世界的思想观念和价值体系得到了交流和碰撞，一方面，高校大学生通过新媒体的网络渠道，了解了更多从课本上无法学习到的新理念、新科技、新方法，甚至是影响到自己的生活方式、学习方式和价值理念。新媒体时代无疑将更多知识和文化进行了融合并传播，但另一方面，由于无障碍的信息发布，使得一些错误的甚至是有害的观念也被人所接收。高校大学生正处于价值观念形成时期，很容易受其他观点影响，一旦时下传播的利己主义、拜金主义等腐朽的价值观念被大学生所认同和接受，那对思想政治教育工作将是极其不利的，更会影响高校大学生心理的健康成长。多元化的价值观念是新媒体时代不可逆转的趋势，但这些良莠不齐的信息，需要我们进行分辨，取其精华，去其糟粕，塑造正确的符合社会主义核心价值观的价值观念，才是当代思想政治教育工作的题中之义。

4. 突破时间空间限制

新媒体技术同时也对高校宣传工作产生了巨大的影响。新媒体突破了传统媒体的局限性，突破传统时间和空间的概念，因其传播具有高效性、广泛性和互动性，因而，对当前新闻工作理念和运作方式产生了强大影响，高校新闻工作同样也面临着挑战和机遇。

首先，新技术催生的新媒体提高了高校新闻传播的效率。传统媒体由于版面、时长和体制等因素的限制，对高校工作的报道较为少见，要求较为严格，而高校新闻稿件内容比较单一，常规性工作多，新闻价值低，无形中提升了高校新闻传播的门槛，影响了传播效率。新媒体出现后，高校即可依托本校的新媒体传播平台发布信息，由于新媒体包容性强，即可发布文字，也可发布图片、音频和视频，且对版面和时长没有特别的限制，大大增加了高校新闻宣传工作的主动性，提高了效率。

其次，新媒体的出现使高校新闻传播的方式更加多样化。作为新媒体的代表的网络媒体被称为第四媒体，内涵丰富，就高校来说，其包括高校的学校官方网站、微博、博客、微信及非官方背景的贴吧、论坛等。这些新媒体传播方式为社会公众提供了更海量的信息，提供了更自由的信息服务模式，同时也使高校新闻传播的高效、及时、跨地域传播成为可能。

最后，新媒体的出现模糊了新闻传播主体与受众之间的界限。新媒体的互动性、便捷性使越来越多的人参与到新闻传播过程中来，每个人只要有手机，可以上网都可以发布新闻，即使对先有新闻的互动评价也可能成为传播的信息源，这样就使更多的观众和非专业新闻工作者成了传播主体，增强了大众传播的主动性，模糊了传播者与受众之间的界限。这为高校新闻工作带来了机遇和挑战，更多的人成为传播主体一方面提高了高校新闻传播效率，扩大了新闻传播影响力。

5. 教育信息量巨大

新媒体的信息量大、选择性强、表现形式多样等特点完全迎合了大学生对生活和学习的需要，也逐渐取代了传统媒体。新媒体因为它具有信息广泛、更新及时、形式多样、便于携带等特点越来越成为大学生日常生活中必不可少且无法代替的工具，受欢迎程度远远超过了传统媒体。

高校思想政治教育应该利用好新媒体信息量大、传播快、时效性强的特点，将新媒体作为教学工具和授课载体，充分利用其优点，服务于高校思想政治教育的工作中。新媒体提供的巨大信息量，不仅有利于高校大学生学习更多更广泛的知识内容，也为高校思想政治教育提供了更多元化的教学素材和更前沿的教学内容。同时，高校思想政治教育工作者必须意识到，新媒体的应用是双方面的。高校思想政治教育要跟的上时代的脚步，就必须合理利用新媒体工具。搭建新媒体交流平台，与学生进行即时的沟通和交流，让高校大学生能够随时随地提出疑问，解决困难。对大学生可能出现的生活压力和心理压力进行即时的发现和解决，实现师生之间的有效率互动。

平台化的教学方式能带来诸多好处，首先即时的沟通交流保证了教育教学的实际效果，其次网络平台的多样性有利于调动大学生的积极性和自主性。通过新媒体思想政治教育平台，我们可以提高高校大学生真正的教学参与感和带入感，多样化的教学内容也能更吸引大学生。学生管理最好的方式是实现自我管理，新媒体平台带来了大学生自主管理的新方式，可以通过让学生管理班级学院官方微博或者微信公众号的方式，让学生真正参与到思想政治教育的工作中，成为思想政治教育的接收者，同时也是传播者和教育者。这样的方式不仅能带动高校大学生的求知欲望，也能起到更好的教学效果。充分利用新媒体平台的庞大信息量，服务于高校思想政治教育的工作，是高校思想政治教育与新媒体融合的必要条件。

6.教学方式的多样化

（1）利用博客优化理论经典的学习方式

思想政治课讲解内涵丰富而深刻的理论精髓，仅靠学生课堂听讲、课后个人阅读，难以真正掌握其内在科学世界观和方法论，师生之间的学习通过博客互动，可以共同探讨问题，并利用整个互联网超链接和集成化视野延伸，将思想政治理论通俗化解读。通过引导学习者E化学习笔记的管理，通过利用博客等系统的收藏夹功能，利用网摘资料工具过滤与积累资料功能，实现对知识库的资料以及相关链接进行清晰的分类，替代了学习掌握理论要求在笔记本做记录、摘录文本、撰写心得感想、抄写作业和进行卷面考试等传统方法，提高学习效率和效果。

（2）综合新媒体技术提升思想政治理论课教学效果

利用搜索引擎以及网站、各地教育资源库，结合实际教学需要去获取和加工、利用网络资源并向思想教育资源体系转化，另外，文字、声音、图像等生动的形式，采用信息集成等新技术，使传统授课内容重新进行整合和创作。比如，对于教材中生硬、抽象化的理论观点、典型案例、历史事件和社会热点，转化成为图文并茂、声像结合的教学课件，并营造出理论联系实际的学习环境，以多媒体技术为支撑，建构以教师为主导，学生为主体的互动式、启发式、案例式、讨论式和任务驱动式的新教学形式，提高思想政治理论课教学的吸引力、感染力，满足了大学生获取信息化学习兴趣和信息方法的需要。

（3）借助新媒体满足大学生思想政治教育的多样化需要

教育网络化、生活网络化和社会网络化已构成人类社会样式，新媒体的教育功能就是满足人的精神生活需要，提升思想政治教育效果和改善思想政治教育环境，必须发挥新媒体所具有的跨越时空信息传播即时性、交互性和便捷性的优势。比如，教师运用微信即时回复和解答学生学习疑问、开展谈心活动，将现实社会的法制、法规和社会公德延伸适用于虚拟与现实社会的可能性、必要性作为互动讨论内容，并在实践中自我约束和自我反思，拓展新媒体思想政治教育教学模式；以 SNS 社区实名注册特点，培养大学生道德责任和法制意识，自觉做好公共空间自由表达和舆论传播的"把关人""守门人"；正确引导和启发大学生主体意识，理性行使民主参与权力、善用自由表达权。

（4）借助新媒体跨时空技术营造大学生精神家园

以博客、QQ 群、微博、微信构建大学生心理健康服务平台，将思想教育与关爱教育、健康服务相结合，利用手机移动网络技术即时传送文本、声音、图像、动画、视频，通过手机模块开发向大学生介绍心理健康的相关知识，传授实用的心理调适方法，同时，依托新媒体技术开展学术研究，进行心理健康状况调查，建立心理健康测验系统，最大限度地防范大学生的心理问题，分析大学生心理问题产生的特点，从而提高心理教育的有效性和针对性。利用新媒体为载体开展心理咨询，通过心理专业教师、专家在线指导，实现网络上的心灵沟通和感情交流，在专业教师和专家的指导下，及时缓解疲劳、减轻负担、消除心理障碍，化解心理困惑，使学生更好地适应生活、学习和工作，时刻保持心理健康、愉悦。

（5）将新媒体技术应用于大学生就业全程服务

新媒体在大学生当中的应用应当更注重实际，就业是每一个大学生在大学结束时要面临的重要抉择，利用新媒体速度快、实效性强的特点，将就业政策指导、技巧指导、招聘信息发布等通过主题网站发布、手机短信发送给毕业生，以增强就业服务指导工作的时效性和针对性。此外，利用网络就业指导平台推进就业指导课的教学工作，让学生通过网络实时接受优质、全方位的就业指导和就业心理辅导服务，为学生做好职业生涯规划提供第一手资料。利用主题网页、短信、微信、QQ 群、BBS、微博等方式，有针对性地开展专题就业相关的思想教育工作，让学生牢固树立正确的职业价值观与职业道德观；利用新媒体技术建立和完善就业信息库，做好毕业生就业情况的实时统计及就业信息跟踪监测工作，为大学生就业信息的搜集整理提供依据，为就业过程提供更加优质的服务。

（6）牢牢掌握新媒体成为大学生思想政治教育主阵地的作用

对于高校大学生来讲，新媒体的出现，无疑多了更多学习的渠道和平台，而同时对于高校来说也多了实现教学的先进平台，高校教育工作者必须意识到，自己作为高校思想政治教育的主要实施者，必须更充分的利用和掌握新媒体平台，保证自己的主体地位，尤其是巩固以网站群为核心的大学生思想政治教育主阵地，包括门户网站、各级主题网站、党团学生官方博客、微博体系等，发挥其主阵地作用。一方面，以信息技术为基础整合校园网站群的各种资源，增强主流信息传播和正面舆论引导的覆盖面和实效性，另一方面，建立与教育者和受教育者之间、管理者和被管理者之间、校内校外、网上网下的信息沟通和意见表达的畅通渠道，贴近学生生活实际，利用微信、微博、短信、QQ 群等新媒体，始终站在坚持社会主义核心价值观引领大学生思想意识建设的战略高度，坚持正面引导、及时疏导和具体辅导，做好深入细致的思想政治教育工作。

第二节 新媒体对高校思想政治教育的影响

一、新媒体时代为我国高校思想政治教育带来的契机

马克思主义哲学提出任何事物都是作为矛盾统一体存在的，矛盾是事物发展的源泉和动力，因此事物总具有两面性。新媒体时代的到来，对高校思想政治教育带来了巨大的挑战，提出了更高的要求，同时也为思想政治教育模式的转型和改变带来了新的契机。主要表现为：

（一）为思想政治教育提供了更加广阔的平台

百年大计，教育为本。当前，高校思想政治教育的目的是为了健全大学生价值体系，培养符合社会主义核心价值观的全面人才。马克思主义强调生产力决定生产关系，而科学技术是第一生产力。新媒体时代的到来背后是科技快速发展的结果。越来越先进的科学技术，媒体平台，社交网络，在改变我们生活方式的同时，我们也应该思考，如何将新媒体技术应用到高校思想政治教育工作当中。开拓新的视野，打造更先进的教育平台，是高校教育工作的新形态，也是新媒体时代，高校思想政治教育工作迎来的新契机。新媒体有利于完善大学生的知识结构。新媒体时代以前，大学生接触知识的途径主要来自课程和书籍，内容比较单一和枯燥，容易形成相对封闭的知识结构。信息获取具有局限性和滞后性，可能会导致大学生缺少与外界的交流，思想

观念比较落后，知识结构不够全面。新媒体时代，为大学生提供了更为广阔的交流平台和更方便的知识获取途径，高校大学生可以通过网络汲取更多的营养。调查显示，全国有超过90%的大学生通过互联网平台进行在线学习和阅读。学习不再局限于课堂和图书馆，大学生能够接触到更开放的文化，更先进的思想，更深入的知识。高校大学生对于新媒体有较强的接受能力和学习能力，所以新媒体时代，网络平台对于大学生丰富自身的知识结构起到了良好的促进作用。

（二）丰富了高校的思想政治教育的手段

教育体制改革是一项长期而艰巨任务。目前高校教育工作，尤其是思想政治教育，尚处于教育模式相对保守，教学手段相对单一的固化陈旧模式。思想政治教育工作是对高校大学生人生观的指导，价值观的修正，世界观的塑造。对高校大学生形成健康的心理状态尤为重要。而新媒体时代，更多的先进理念、设备等能应用于高校思想政治教育工作当中，通过网络，大学生不仅能学习本校传授的相关知识，也能了解其他学校优秀教师的相关课程。这对高校思想政治教育工作是新的帮助。我们也必须紧跟时代步伐，利用新媒体时代科技带给我们的便利，不断改革创新思想政治教育的方式方法，不断丰富完善思想政治教育的手段。新媒体拓宽大学生的思维方式。新媒体时代以前，大学生接触知识的途径主要来自课程和书籍，内容比较单一和枯燥，容易形成相对封闭的知识结构。信息获取的局限性和滞后性，可能会导致大学生缺少与外界的交流，思想观念比较落后，知识结构不够全面。新媒体时代，为大学生提供了更为广阔的交流平台和更方便的知识获取途径，高校大学生可以通过网络汲取更多的营养。调查显示，全国有超过90%的大学生通过互联网平台进行在线学习和阅读。学习不再局限于课堂和图书馆，大学生能够接触到更开放的文化，更先进的思想，更深入的知识。高校大学生对于新媒体有更强的接受能力和学习能力，所以新媒体时代，网络平台对于大学生丰富自身的知识结构起到了良好的促进作用。

（三）思想政治教育主客体信任度增加

一直以来，大学阶段课程相对分散，学生自由度比较高，高校师生之间缺乏交流，彼此信任度不够，使思想政治教育工作的开展显得更加艰难。学生不愿意和老师交流生活中的困难和学习上的压力，也不愿意吐露自己的心声。老师如果不能采取有效措施把握学生心理问题，思想政治教育的目标自然无法实现。新媒体时代的到来，师生之间通过网络、社交平台等有了等多沟通和交流，相比于以前只有上课才能见面的情况，现在的师生之间更乐于频繁的进行学术探讨和生活交流。必备的联系方式成了沟通的桥梁,学生在朋友圈感叹压力大的时候,老师可以及时发现进行心理疏导。老师通过微博发布一篇文章,学生能第一时间阅读,分享心得。可以说新媒体时代零距离的联系和沟通,无疑是拉近了师生关系,增加了师生之间的信任度,使得思想政治教育工作能随时随地开展,相比于以前也能取得更为有效的成果。

新媒体促进了大学生的相互交流。新媒体时代带来的一个最显著的特征就是人与人之间的交流变得更加容易和方便,网络的快速反应和传达,各种社交平台的不断出现,使得人与人之间真正实现了即时沟通,零距离接触。你可以通过一台电脑,一部手机,一个软件,就能实现距离上千公里之外的即时通信和在线交流。发展到今天,通过社交平台和朋友亲人进行交流已经成了几乎人人必备的技能,大学生作为新鲜事物更快的接收者,也能通过网络化平台,走出校园,结识更多志趣相投的朋友。通过这样的平台,使得很多现实中性格相对内向的大学生,有了更多表达自己想法的途径,弥补了日常生活中情感表达的不足。调查显示,目前大学生每天网络在线时间超过两小时的人数已经超过了80%。可以说新媒体时代,是一个沟通的时代,交流的时代。交流促进成长,高校大学生能在与其他人沟通交流的过程中,学习他人的知识和想法,不断地丰富自己。

（四）有利于增强受教育者思想政治教育的自主性

传统的思想政治教育往往以课本教学为思想政治教育的主要内容。这种教学的方式容易使受教育者感觉枯燥,难以全部理解和接受。新媒体时代为思想政治教育工作提供了更丰富的平台和更繁多的方法,不同类型的文章和不同种类的图书可供受教育者自主浏览,高校大学生拥有了相对更加轻松自主的学习时间和浏览环境,他们主动参与学习会使得思想政治教育更易在潜移默化中实现。这种方式对于高校大学生来说更具有自主性和趣味性,也就更加容易接受。思想政治教育强调自主性,而不是生搬硬套,更不能强行灌输,新媒体时代高校大学生自主学习的方式使得思想政治教育工作有了新方向和新成果。高校大学生更愿意主动求学,效果也更明显。

（五）有利于提高受教育者思想政治教育的实效性

从年龄上来说,高校大学生一般处于16岁到24岁之间,这个年龄阶段的大学生从情感上来说,一般自尊心很强,爱要面子。在与人交流的过程中通常喜欢表现自己擅长的领域以博得他人的认可,自己内心的负面情绪或者压抑的想法很难表达出来。传统的思想政治教育模式很难使得大学生真正打开心房,畅所欲言,所以很难真正达到良好的效果。新媒体时代,虚拟世界和网络社交平台的出现，使得人与人之间的交流更加直接和彻底，主要体现在：虚拟世界淡化了人的身份、职业、相貌等因素，虚拟化的符号和匿名性使得大学生更容易放开心理防线，吐露自己在现实中不太可能表达的迷茫、失落等负面情绪。这种心理上的释放一方面能调整心态，另一方面也能表达内心更真实的想法。所以说，新媒体时代使得高校思想政治教育更具有实效性。

二、新媒体对高校思想政治教育的挑战

对社会或社会群体来讲，思想政治教育指用一定的思想观念、政治观念、道德规范对全体社会成员施加的有目的、有计划、有组织的影响和教育的过程，从而使他们形成符合一定阶层、一定社会需要的思想品德的社会实践活动。由此可以看出，应当合理的引导和充分的利用新媒体优势，提高高校思想政治教育工作实效，提高大学生思想政治素养。随着网络技术的飞速发展和新媒体的广泛运用，呈现信息的发布者隐匿化、大众化，信息虚拟化、芜杂化等特点，新媒体失范，呈现出言论导向的偏颇，信息的监管及把控不严、强势文化的极度制约、个人隐私的社会伦理、现实与虚拟生活杂糅等情况出现。具体的挑战主要表现在以下几个方面：

（一）对教育权威的挑战

新媒体的出现带来了网络化的信息传播方式，与传统的教育模式相比较，当代的大学生拥有更多接收信息的渠道，接收的信息种类也更加繁多。由于大学生处于价值观形成阶段，对接收信息的真假性，客观性，科学性并不具备完全的辨别能力，容易受到各种思想影响，形成偏激乃至错误的人生观、价值观，甚至使思想政治教育的权威性都受到极大威胁。许多大学生在平时的生活和学习中比较平庸，得不到别人的关注，往往容易沉迷于虚拟的网络世界，在虚拟的游戏中找寻不真实的存在感和成就感。甚至整天的时间都花在了网络游戏上，与身边的人缺乏沟通和交流，荒废了学业。表现出一种上网时极其亢奋，平时无精打采的精神状态。长此以往，势必出现思想空洞，精神匮乏，意志力消沉，身体状况变差，不利于自身的发展。新媒体时代，网络虚拟世界的丰富化值得我们注意，当代大学生应当懂得如何分辨网络和社会，虚拟与现实的区别。要对现实有正确的认识，不能沉迷于虚拟世界。

在传统旧媒体时代，大学生能够接收信息的渠道相对单一，例如电视、广播、报刊等，这些传统媒体会对自己发布的信息进行真实性的考察和科学性的验证，一般来说符合社会的主流价值观和道德标准，同时，与高校思想政治教育的内容不谋而合，有利于高校思想政治教育过程的实施，所以高校

思想政治的权威性也不容置疑。新媒体时代的到来，使得当代大学生接收的信息量呈现了一种爆炸式的增长，平台的网络化和信息发布的低准入门槛，让信息的发布、交流、接收都变得更加便捷。如微博、微信等平台的推出，使得大学生能接受更多人的想法，同时也带来了许多偏颇的观点，甚至是虚假的信息。一些不利于大学生心理健康发展的信息也经常出现，不难看到，新媒体时代的今天，往往一条虚假的信息，配以其精心的包装，就能得到很多人的认可和传播。这种以讹传讹式的虚假信息传播不仅严重危及大学生正确人生观和价值观的形成，也对高校思想政治教育的权威性带来重大挑战。

（二）对知识结构的挑战

新媒体时代对高校思想政治教育的冲击也体现在教学方式上，传统的灌输式教育模式，在新媒体时代已经显得寸步难行。大学生的观念和认知已经不再局限于书本上的知识内容，纷繁复杂的媒体，铺天盖地的信息，不仅对大学生知识结构的变化形成了巨大的冲击，同时，也对思想政治教育工作者提出了更高的要求。

以前的大学生更多的是接受课堂传授的书本知识，新媒体时代下，当代大学生有了更多接受知识的渠道，也乐于接触更广泛的知识内容，而这其中信息的真假难辨，科学性有待考证，所以高校大学生在接收新的知识的时候，要懂得科学验证，辨别真伪，丰富自己知识结构的同时也要保证知识的科学性。由于新媒体时代信息发布的便捷化，大量信息难以进行有效的监管，在虚拟世界可以不必承担责任的错误观念使得一些人为了发泄个人负面情绪，肆意发布和传播虚假信息，损害他人名誉和人格的情况时有发生。更为普遍的是，一些人为了经济利益，传播暴力、色情等低俗内容，更有甚者，不负责任的散布谣言。

一些自我控制能力差的学生，容易沉迷于低俗的网络色情文化，不仅成了不法分子发布低俗文化的接收者和传播者，甚至可能会走向违法犯罪的错误道路，给自己给家庭给社会带来了难以磨灭的伤害。作为当代大学生，应当具备一定的自我控制能力，抵制低俗文化。互联网的自由开放应当服务于真实信息的传播和交流，沉迷和传播低俗文化会对大学生造成极为恶劣的影响。

思想政治教育工作应当改革"灌输式"的传授模式，作为新媒体时代的教育工作者，应该主动了解并实现新媒体在教育教学工作的中的应用。提取精华，去除糟粕，紧跟时代脚步，创新教育模式和方法，丰富自身的知识结构。才能使思想政治教育工作不断推陈出新，使大学生更乐于接受，融会贯通，才真正达到了教育的目的。

（三）对舆论导向的挑战

新媒体时代具有信息传播快速化，信息发布便捷化的特点，不可否认的是，迅速膨胀的信息量让大学生从中汲取了一定的知识，但低门槛的信息传播方式，使得许多利己主义的错误观念，低俗、暴力、色情的不良文化通过新媒体平台大肆传播，甚至是一些反社会主义，反马克思主义的资本主义堕落的价值观大行其道，很多大学生缺少辨别是非的能力，受到不良文化的侵蚀，形成错误的道德观念，对此我们必须予以高度重视和严重警惕。传播正确的舆论导向，形成爱国、敬业、诚信、友善的社会主义核心价值观，是高校思想政治教育工作的重中之重。

对于错误的甚至是有害的舆论导向，我们必须予以坚决抵制，维护社会主义主流价值观，形成符合我国国情，符合马克思主义社会主义的正确的、科学的舆论导向，引导高校大学生正确前行，健康发展。

（四）自身能力和主观能动性受到挑战

新媒体时代带来的冲击不仅仅体现在信息传播这一方面，也深深影响着我们的生活方式。娱乐化的网络游戏和社交平台，使得一些大学生在本应该求学上进的时候，有些上网成瘾，沉迷于虚拟的网络世界，长时间在寝室打游戏，不参加任何活动，甚至逃课，荒废学业。便捷化的信息获取方式使得一些大学生失去主动学习的动力，不愿意主动思考，一味地抄袭，从网上复制摘抄为己所用。长此以往，高校大学生将失去主动学习和思考的能力。新媒体时代宣扬的自由化使得一些大学生拒绝任何约束，以个人为中心，被拜金主义，享乐主义，极端主义等错误思想所侵蚀，自私自利，不善于和他人沟通。也有的大学生沉迷于低俗的网络文化不能自拔，导致了思想观念的畸形和道德意识的淡薄。长此以往，将对大学生的健康成长造成巨大的危害。

三、高校思想政治教育利用新媒体的现状及存在的问题

（一）高校思想政治教育利用新媒体的现状

当今，新媒体技术在大学生中得以广泛应用，并深受大学生群体的广泛青睐。在调查分析的基础上，我们发现，新媒体在大学生日常生活中的主要用途主要有以下几个方面：将新媒体作为与人沟通的平台；或是放松减压的娱乐方式运用新媒体进行学习或获取资讯。伴随新媒体的日益普及发展，我国高校思想政治教育经历了巨大转型。教育行政部门纷纷对"互联网＋"予

以合理的引导和指导，很多高校充分发挥了多媒体的阵地作用，利用网站、贴吧、公众微信号等载体，实时传输思想政治教育知识，实现思想政治教育"精细化"功能。思想政治教育工作者早已不再把教育的方式局限于在理论教育这一单一层次了，绝大部分思想政治教育工作者已经充分合理利用新媒体，并能有效地创新形式开展大学生思想政治教育相关的教学活动，利用新媒体发展所带来的重大机遇。

（二）高校思想政治教育利用新媒体存在的问题

网络快速发展，高校纷纷意识到推进网络思想政治教育工作的必要性。大多数高校能够借助这一途径，开展思想政治教育。当下，多媒体设备普及，大多数教师依靠多媒体开展教学工作，方便了思想政治教育。但网络思想政治教育在一定程度上虽然实现了教育的内在本质，却仍存在诸多不容忽视的问题。

首先，教育形式及内容单一。表现在：内容陈旧，缺乏吸引力。当下，高校利用新媒体进行思想政治教育通常借助专题网站展开。专题网站往往存在文字繁冗、内容贫乏的情况，有的在首页上只是存在简单链接及过时新闻，亟须一个内容庞杂的思想政治教育资料库。此外，目前网站建设过程中采用的多是静态建站技术，缺乏动态交互。此外，从栏目设置来看，存在单一、缺乏交互传播等问题。例如，留言板、信箱等栏目往往继承了"复制粘贴"功能。而网络交互形式利用较少。

其次，教育主体力量有待增强。新媒体下的思想政治教育模式缺乏专职的队伍。部分高校虽然配备专职人员，可是数量往往非常少。兼职人员并未起到该起的作用。新媒体下思想政治教育工作相当繁杂，任务非常艰巨，一些高校建立了党员干部、德育教师等人组成的兼职队伍，可是职责模糊，缺少培训，发挥的作用有限，甚至有思想政治教育知识和网络技术不能"精通"的现状。由于新媒体下的思想政治教育具有技术性强、实践性强的特点，使得对网络技术接触较少，缺乏动手能力的人员难以胜任。这一问题的解决，需要培养综合技能，提升全面素质。

再次，受众无法有效运用新媒体。大学生中有一部分能够根据自身的规划合理地运用网络。这部分人预见性强，自律意识强。其接触和利用网络等新媒体是为了更好地学习和生活。但是，对绝大部分的大学来讲，从对上网的控制来看，具有自我控制能力的学生占很小一部分。不遵守网络文明公约的情况也较为常见，网络不文明现象时有发生。

总之，新媒体具有传播信息便捷等优点。高校思想政治教育工作者利用网络将最前沿、的有个性化的信息，通过视频、文字、图片等形式快速、准确地传递给受教育者，能够大大提高思想政治教育工作效率。但是，新媒体在大学生日常学习、生活中存在的问题，值得每位教育工作者认真面对、妥善解决。

第三节 新媒体时代高校思想政治教育模式的转型

一、新媒体时代高校思想政治教育模式转型的必要性

西方学者认为"社会转型"是用以表达社会结构具有进化意义的转变和发展。我国的经济、政治、文化等社会生态都在不断发生着变化，这是社会现代化转型的结果，教育体制要顺应社会现代化转型的趋势，不断推陈出新，进行改革，高校思想政治教育工作也要握紧时代脉搏，只有不断顺应时代发展的新要求，与时俱进，才能取得良好的教育效果。大学生思想政治教育工作现代转型就是指通过教育内容、教育方式和教育理念、管理手段的转型，着力改善大学生思想政治教育工作效果。

（一）新媒体时代大学生群体的价值心理和环境有明显变化

从年龄上来说，高校大学生一般处于 18 岁到 24 岁之间，这个年龄阶段的大学生从情感上来说，一般自尊心很强，爱要面子。在与人交流的过程中通常喜欢表现自己擅长的领域以博得他人的认可，自己内心的负面情绪或者压抑的想法很难表达出来。传统的思想政治教育模式很难使得大学生真正打开心房，畅所欲言，所以很难真正达到良好的效果。新媒体时代，虚拟世界和网络社交平台的出现，使得人与人之间的交流更加直接和彻底，主要体现在：虚拟世界淡化了人的身份、职业、相貌等因素，虚拟化的符号和匿名性使得大学生更容易放开心理防线，吐露自己在现实中不太可能表达的迷茫、失落等负面情绪。这种心理上的释放一方面能调整心态，另一方面也能表达内心更真实的想法。所以说新媒体时代使得思想政治教育工作更具有实效性。

（二）大学生思想政治教育必须充分发挥新媒体的特色优势

社会是一个不断发展变化的有机整体，马克思主义认为："在任何社会历史领域，从事活动的，是具有意识、能够通过思虑或凭激情行动的人，他们追求某种目的，做任何事情都不是没有自觉的意图的、都不是没有预期的目的的。然而，这个差别无论相对于历史研究，还是对各个时代及事

变的历史研究如何重要，都丝毫不能改变这样的事实：历史进程是受内在的一般规律支配的。"任何社会的发展和转型都离不开人的主观能动性，尊重社会发展的一般规律，充分发挥人的主观能动性是推进社会不断发展进步的持续动力。

传统的高校思想政治教育从方式上来说，一般以课堂讲述为主，虽然有辅以多媒体课件等，仍旧容易出现枯燥，刻板的现象。导致有的大学生在上课时玩手机、睡觉，高校思想政治教育的目的也完全没有达到。从内容上来说，高校思想政治教育一般以爱国主义、集体主义、社会主义等内容为主，重复的教学内容很容易让高校大学生一开始就产生抵触情绪，很难真正接受和学习相关内容。

目前的高校思想政治教育需要改变一贯的教学模式，充分利用新媒体的特色优势，在方式上不断创新，使教学更具有互动性和趣味性，让大学生充分的参与其中。需要在内容上不断丰富，改变以往单调枯燥的教学体系，让高校大学生有更多可供选择的学习内容，增加其学习的主动性，从而更好地实现教学的目的。

（三）大学生思想政治教育应体现内容和形式的融合

我们应当意识到，新媒体时代带来的社会转型以及高校大学生价值观念的转变是一种加速的趋势，迅速扩大的知识量和不断出现的各种媒介使高校大学生的学习生活变得更加丰富。进步和发展固然是好的趋势，但同时我们必须意识到，大学是学生形成正确的思想意识的重要时期，是学习科学技术成为社会发展基石的成长时期，高校思想政治教育的目的是培养当代大学生具有独立的人格和符合社会主义核心价值观的思想。因此在利用新媒体不断丰富高校思想政治教育形式的同时，我们也必须坚守住以爱国主义、集体主义、社会主义为核心的教学内容。党的理论和观点一直是高校思想政治教育的核心。多样化的形式不能改变基础的教学内容，利用新媒体优势，服务于思想政治教育的教学实践，才是一种良性的变革。

新媒体作为新兴载体，对高校思想政治教育具有重要的工具意义，在利用的过程当中，要协调好内容和形式的融合。教学内容符合教学形式，教学形式服务于教学内容。在不断协调中发展创新、趋利避害。不断促进教育方法的现代化，教育体制改革的现代化，让我们的学生接受更优质的教学内容，更科学的教学方式，成为具备正确的价值观念，扎实的知识基础的合格大学生。实现大学生全面发展才是思想政治教育工作不断努力的根本目的。

二、新媒体时代高校思想政治教育模式转型的对策

新媒体交互性、个性化、信息多元化、复杂化等特征都对大学生思维方式和价值观念等产生了前所未有的影响，这对以往单一的思想政治教育工作方式以及教育效果提出了更高的要求。首先，要改变传统的思想政治教育"灌输式""填鸭式"的教育方法，使其变被动接受为主动互动，提高学习热情。其次，要改进思想政治理论课的教学方法。教师应该充分利用多媒体教学系统，制作出内容丰富、吸引力强的多媒体教学课件，同时将思想政治教育课搬到网上，创造有利的学习条件。最后，高校要充分发挥校园广播、校内网、手机报、微信公众平台等校园新媒体的辐射作用，将思想政治教育工作融入学生的日常生活，加强社会主义核心价值观的渗透力。

（一）重新审视新媒体背景下思想政治教育工作

我们应当充分重视并重新客观审视新媒体对高校思想政治教育的影响，必须以教育工作过程中出现的层出不穷的问题为依据，探析原因、反思结果、从而提出切实可行的解决办法。这是在新媒体环境下实现高校思想政治教育工作思维、工作内容、工作方式转型的前提。根据本文所提出的新媒体给高校思想政治教育所带来的挑战及原因分析，切实增强思想政治教育实效可从以下五个方面入手：

1.完善知识结构体系

传统的思想政治教育知识结构是思想政治教育工作者经过实践的检验和时间的沉淀逐渐建构起来的，学生们接受的知识一般是系统的、有规律的，但是随着社会环境发展和变迁，大学生的思想意识发展在新媒体日新月异的发展下也呈现出新的和复杂的特点，所以思想政治教育内容是有限的、枯燥的，学习的知识结构也是较为套路、按部就班的。大学生可以通过新媒体开阔视野，接受来自不同领域的丰富的思想、文化、教育理念的熏陶，弥补固化的专业知识的不足，不断提高个人修养与能力。

2.加强大学生之间的交流

无论是手机短信、聊天软件还是微信，都受到人们的热捧，因其具有极大的便利性与实用性。手机网络功能的有力开发，使得大学生习惯于使用手机或者其他移动设备与自己亲人、同学进行语言、思想、情感的交流。移动网络数据的应用突破了时间和空间的限制，大大提高了大学生的交往频率，使每个人随时随地能够接触到不同地域、不同文化的人。高校思想政治教育最直接的交往互动就是教育者与受教育者，除在直接的教学之外，思想政治教育工作这应积极开拓社交软件的功能、如现在被普遍运用的微信，与学生

及时进行交流沟通，或者从学生所发表的状态、心情等信息内容侧面了解学生的思想、情感等心理状况。

3. 改进大学生思想政治教育的手段

传统的高校思想政治教育多年来一直以课堂"灌输式"教育为主，以会谈讨论、字画板报、学生手册等形式为辅，这样学生经常觉得枯燥乏味，难以接受并践行。而网络上的信息资源形式丰富多样，内容涵盖面广、信息容量十分巨大。学校可以利用这些信息资源，构建网络化的校园思想政治教育教学论坛、思想政治教育专项微信公众平台等，供老师同学交流思想、相互学习。利用软件就可实现迅速传输文字、图片、声音，缩短了人与人之间的距离，信息传播更加准确、快捷、方便，新媒体教学形式充分调动了学生的求知需求，发挥学生的自主性。通过形象具体的教学内容，大学生可以更直观、多角度、地感受平实的政治理论，不断提高道德修养和法制观念，形成思想政治素养的综合提升。

4. 提高大学生思想政治教育内容的实效性

对大学生进行思想政治教育是一个持续反复的过程，并不是简单传授后终止教育过程，大学生对教育工作的反馈以及教育工作者对教育效果的追踪考察是有利于进一步完善思想政治教育工作，而新媒体平台的个性化和自主化的特点深受大学生的喜爱，他们可以通过朋友圈、微博、知乎等网络媒体平台抒发表达自己的情感和思想。所以新媒体有助于更加准确地把握学生心理状态，及时发现问题并第一时间采取有针对性的教育，并能防范和化解风险，大大提高思想政治工作效率。

（二）重视新媒体在大学生思想政治教育中的主体地位

新媒体的出现改变了人们的日常生活通讯方式，同时改变了人们的探察视角和思维方式，对社会各个人群尤其是大学生群体的价值观念、道德意识等产生了深刻的影响。新媒体满足了大学生自我个性表达的需要，他们在接受他人影响的同时也在传递自身的价值观念和思想意识，所以新媒体环境下高校思想政治教育应更加强调大学生的主体地位。这有利于思想政治教育学科理论的现代化完善，思想政治教育本质的深入挖掘再认识，同时，对增强思想政治教育工作在新媒体环境下发展的科学性、实效性有着重要的意义。

1. 尊重大学生个性特征

思想政治教育培养一个符合社会发展需求的有独立人格的、有个性的人，最终目的是促进人的全面发展。但这并不意味着在教育过程中不能磨灭每个大学生个体的独特性，应该尊重及大学生个性发展，引导大学个性的良性发展，使之形成具有自主思考、自主行动、自主创新的独立人格。新媒体的迅猛发展，多元价值观以不同种形式影响着大学生个性发展，丰富多彩的网络世界满足了大学生求异的个性需求。大学生在新媒体带来的全新世界中判断、选择、接受各种各样的价值体验，这是其个性发展的必经过程，教育工作者应予以大学生足够的信任和信心。与此同时在教育教学中应运用新媒体平台与大学生及时交流沟通、察言观色，通过紧密的联系真正了解学生内心的个性发展需要，之后及时做出引导教育。因此，高校在进行思想政治教育过程中，发挥、发展乃至提升大学生的主体性不仅是目标也是基础。

2. 发挥大学生自主学习能力

强调大学生自主学习是高校教育的重要目标和重要教育方式，高校思想政治教育在新媒体环境下逐渐转变课堂"灌输式"教育，为大学生学习提供新型教学媒体和先进网络技术，督促大学生的自主学习。对正处于思想活跃时期的大学生进行枯燥的形式化思想教育或灌输式的道德观念只会产生适得其反的效果。结合新媒体设施为大学生提供自主查阅、讨论、研究的学习平台，例如建立学术研讨贴吧、微信公众平台、完善网络图书馆等。在此基础上丰富思想政治教育内容，使教育内容能够立体的、有感染力地出现在学生的学习空间内，有利于大学生接受教育内容并产生学习的兴趣。

3. 给予大学生表达空间

新媒体时代，为大学生提供了一个表达言论和抒发情感的平台。在具体的思想政治教育活动中，承认并尊重大学生的主体地位应予以平等的、轻松的表达，因为言语表达反映了大学生一定的思想水平和价值观念，只有真正了解大学生的思想状况，才能够发现大学生在接受新事物、新观念的过程中产生问题并"对症下药"。激发和培养大学生的主体性并激发其主体性发挥，从而使他们在利用新媒体过程中自觉适应新的情况，妥善处理新问题。这也是有效保证思想政治教育目标实现的有效措施。

（三）加强新媒体在大学生媒介素质教育上的实效

媒介素养是指人们在处理媒体带来的各种信息时所具备一定的选择、理解、质疑、评估、创造和思辨的反应能力。具备良好的媒体素养对于当代大学生来说，不仅有助于他们获取有效知识、提高学习效率，而且，对大学生形成正确的人生观和世界观意义深远，也对大学生将来的就业和全面发展也有很大的帮助。面对新媒体层出不穷的信息，思想政治教育加强大学生媒介素养教育成为必要，要努力提高大学生理解当代文化和解析媒体信息的能力，培养大学生较高的判断力与思辨力。

1. 进行媒介素养的理论教学

缺乏则会道德迷失。这不光难以适应快节奏的现代生活，更加不利于现代社会的和谐。媒介素养（media lietarey）中的"lietarey"，其英文本义为"有文化和阅读写作的能力。媒介素养好比具备识字、阅读和写作能力一样，属于个人基本素养范畴，是一种对认知和批判能力的启蒙"。因此，对大学生进行媒介素养的理论教学迫在眉睫。思想政治教育工作在教学实践中应当合理利用新媒体技术，比如借助手机媒体信息资源，结合大学生自身实际需要设计课堂讨论环节，利用手机视频或手机微博客户端等开展德育咨询，为学生答疑解惑。以理论联系实际的形式逐步提高大学生对媒介信息的分析与评价能力，从而构筑起大学生媒介素养提升桥梁。

2. 充分利用好校园网络媒体中的各种资源

充分利用校园网络媒体，首先就是不能盲目排斥新型媒体的正面效用，既做到合理利用新型媒体积极功能，又要有效的避免其负面影响。现今全国各大高校注重投资构建校园网络体系，充分利用各种媒介资源。要想让学生正面使用网络及延伸媒体，高校及教育工作者应先身体力行积极开发"绿色健康"的新媒体环境，诸如校园广播、餐厅电视、学校张贴栏、学报、校园BBS等，新媒体无处不在，具备的信息量大、覆盖面广、影响力强等优势，形成对大学生巨大的吸引力，激发他们的兴趣爱好，使他们从内心接受社会核心价值观和道德准则，这样可以提高他们分辨识别各类信息价值的能力而不至于自我迷失在混沌的网络世界。

3. 培养大学生使用媒体方面的创新技能

科学技术日新月异，个体要想紧跟时代前进的步伐不断创新就显得尤为重要，对大学生进行网络素养教育的最终目的就是让大学生学会合理利用新媒介来全面提升自己。首先，教育工作者要不断培养大学生基本的媒介学习技能，包括最基本的网上沟通交流技能、网络浏览和查询技能、利用网络进行信息发布等，教会他们正确的掌握和运用新媒介的手段。其次，引导大学生可以结合自己实际，通过网络资源查询、浏览和下载来丰富自己的学业内容，提升自身的知识水平，以此来培养大学生的独立思考能力和创新能力。

（四）提高思想政治教育队伍运用新媒体的水平

最大限度的发挥新媒体对思想政治教育的功效，尤其对处于教育工作一线的从事思想政治教育的人提出了新要求。加强教育工作者网络素养的提升和新科技相关知识的学习，突破传统思维惯性，树立思想政治教育现代化的理念，是每位思想政治教育工作者面临的首要任务。

首先，每位思想政治教育工作者要辩证看待新媒体的优势，并合理运用其发挥对大学生以及思想政治教育工作所带来的影响，不应盲目排斥或否定新媒体对于大学生生活学习等方面的积极作用和重要意义；其次，广大教育工作者还应当清醒认识到千变万化、多姿多彩的新媒体对思想政治教育工作带来巨大挑战，教育工作者在继续坚定政治信念和社会主义核心价值观的同时，积极掌握基本的新媒体技术，将传播学规律和基本方法与思想政治教育学规律相融合，运用新媒体开创新视野、开发新思维，应对新媒体的挑战。最后，在新媒体作用下的多元化价值环境下，教育工作者更应牢牢把握教育过程中的主导作用，学会并有效利用新媒体的传播优势，对纷繁复杂的信息进行筛选和甄别，并能巧妙地运用新媒体的传播技能融入思想政治教育的过程，增强思想政治教育的效果，促进大学生形成正确的价值观念、政治素养和道德水准。

第四章 高校主体性思想政治
教育模式的探索

第一节 高校主体性思想政治教育模式的内涵

一、概念辨析

研究主体性思想政治教育模式，必须首先把思想政治教育模式、主体及主体性等相关概念的内涵与外延弄清楚，否则便无法进行研究。

（一）思想政治教育模式

在现代科学方法论中，模式方法是一种重要的研究方法。用模式方法分析问题，可以简化问题，便于较好地解决问题。"模式"作为一种科学方法，被广泛应用于各个研究领域，例如物理、数学、经济、教育等。那么，什么是"模式"呢？

模式一词源于拉丁文（MODUS），意思是指与手有关的定型化的操作样式，一般通用为方式，后来又从方式中分化出来，指某种方式中具体定型化的活动方式或活动结构。模式的英语词是 model，指"模式""模型""典型"等，它表示用实物或符号形式将原物、活动、理论等仿制、再现或表示出来。《现代汉语词典》上将其定义为"某种事物的标准形式或使人可以照着做的标准样式。"美国著名的比较政治学学者比尔和哈德雷夫在研究了一般模式后做出如下定义是：模式是再现现实的一种理论性的、简化的形式。综合看来，模式的语义是可供人模仿的样子，它抓住了事物的主要矛盾，体现了事物的本质和一般特点的基本结构；它舍弃了事物的细节，反映了事物的基本特征。它既来源于实践经验的总结，又是某种理论指导下的产物，并进一步指导实践。

模式上秉抽象理论下承具体实践，是理论与实践的中介，这是模式最基本的特征。模式不等同于经验、实践，也不同于理论，模式是沟通实践与理论的桥梁，因此模式具备理论功能与实践功能。理论功能是指模式把实践经验升华，对实践作简略的描述再现，有助于人们理解、掌握和运用。实践功能是指模式依据一定的理论提出假设，并赋予条件和操作程序、要领，使其现实化，有助于指导实践。模式以独具的具体性、可操作性相异于一般理论，又以其内在的逻辑性和完整的科学性而有别于具体的实践经验。

"教育模式"就是在教育理论指导下，抓住特点，对教育过程的组织方式作简要概括，以供教育实践选择；或者是对教育实践经验做概括，抓住特点，得到个别的教育模式，以丰富教育理论。

教育模式包括以下基本要点：（1）教育模式是教育理论的具体化，是教育活动的基本结构，它为教育活动提供了活动的基本图式。（2）教育模式直接指向一定的教育目标与教育任务，是为了使教育活动更为有效，更有利于教师的教与学生的学。（3）教育模式是相对稳定的。教育模式不是随意构想的，而是在长期教育实践基础上的理论概括，它的基本结构是相对稳定的，但可以在教育实践过程中不断地发展与完善。（4）教育模式所建构的是教育活动的主体框架，而不是教育活动的细枝末节，任何一种教育模式均可以兼容各种教学方法与技术。一个理想的教育模式至少要包含以下三方面的内容：（1）要有明确的目的，也就是模式的用途。（2）要有扎实的理论依据，否则，就是肤浅的，没有根基的。（3）要有一些为完成特定目标而设计的具有操作性的"程序"，否则，至多只能说是一种理论阐述、理论设想，而不能称之为"模式"。

综合模式及教育模式的概念，我们认为，思想政治教育模式就是模式方法在思想政治教育领域中的具体运用，它是指在一定思想政治教育理论指导下，在丰富的思想政治教育实践基础上，为完成特定的思想政治教育目标和任务所形成的稳定而简明的思想政治教育结构理论框架，以及具体可操作的思想政治教育实践活动程序或方式，用以指导思想政治教育实践。作为进行思想政治教育实践的一套策略和方法，它是思想政治教育理论和思想政治教育实践的中介与桥梁，是包括明确的目的、扎实的理论依据、切实可行的操作方法等诸因素统一结合而成的思想政治教育策略和活动形式。

（二）思想政治教育的主体及主体性

1. 主体及主体性的概念

主体作为一个哲学概念，有本体论和认识论两种含义。本体论意义上的主体是指属性、关系、状态、运动变化等的基质、载体和承担者，近似于哲学中的"实体"或"本体"概念。认识论意义上的主体，则是认识活动、实践活动的承担者，是与认识或实践相对应、相关联而获得其规定性的。具体来讲就是指有目的、有意识地从事认识活动或实践活动的现实的人（包括个体、社会集团乃至整个人类）。因此，认识论意义上的主体，只能是从事认识和实践活动的现实的人，并总是相对于认识和实践活动的客体而言。本文所说的主体是指认识论意义上的主体。毫无疑问，主体是现实的人，只有人才能充当主体角色。但这并不意味着主体和人是等同的，白痴、狼孩以及"不谙世事"的婴幼儿等就不能担当主体的角色。严格地讲，只有具备了一定实践技能、经验和科学文化知识，并实际地从事认识和实践活动的人，才能成为真正意义上的主体。简言之，主体就是具有主体性的人。

什么是人的主体性？马克思主义认为，人是认识世界和改造世界的主体，人的主体性也就是人在认识和改造外部世界和人本身并创造着自己历史的活动中所表现出来的能动性、创造性和自主性。能动性是人的本质属性，它是指人所具有的自觉地、主动地认识和改造世界的特性，是人之所以区别于动物的重要特点，也是人之所以能够为主体的主要依据。正像马克思曾经指出的："人的类特性恰恰就是自由的自觉的活动。"创造性是主体能动性的突出表现。创造性的实质是对现实的超越，创造性活动是人类得以成长发展的最重要的手段。自主性是人的主体性的基本要求。它是指作为主体的人在认识和实践活动中，能够依据主客观条件和自身的需要最大限度地支配自己的活动，主导客观世界的变化。自主性，实质上也就是主体的自由，即"根据对自然界的必然性的认识来支配我们自己和外部自然界。

从以上可以看出，人的主体性包括以下三层含义：（1）主体性必须是作为主体的人所具有的。因为人并非皆为主体，主体性是针对有资格承担主体的权利和责任的人而言。（2）主体性必须是在主体与客体的多种交互关系中体现出来的。没有客体的主体是抽象的虚幻的主体，同样，没有客体性的主体性是空洞的非现实的主体性。（3）人作为主体，不论是在对自然客体和社会客体，还是在对精神客体和人本身客体的对象性关系中，其主体性必定以一定形式（如能动性、创造性、自主性等）的精神力量表现出来。

2. 思想政治教育的主体及主体性

什么是思想政治教育的主体，这是思想政治教育学所关注的根本问题之一，也是一个争论较多的前沿课题。目前，思想政治教育学科领域关于思想政治教育的主体的看法很不一致。主要有以下几种见解：一是单主体说，包括教育者主体说（传统观点）、受教育者主体说和政治集团主体说。二是双主体说，认为教育者和受教育者都是主动行动者，都是思想政治教育的主体。三是三重主体说，即国家、教育者、教育对象三重主体，国家是本体性主体、教育者是实践性主体、教育对象是自我教育主体。四是多主体说，此说不仅认为思想政治教育者是主体，思想政治教育的客体、介体、环体也能成为主体，因而不能只是一个主体，而是多个主体。

那么，究竟什么是思想政治教育的主体呢？我们知道，主体性是标志何以成为主体的根本性质，它相对于客体的客观性而言。一个事物能否成为思想政治教育的主体，关键在于其是否具有主体性。当人们（个体或群体）在与一定对象的交往活动关系中具备或发挥了主动态势、能动作用并处于支配地位时，则成为这一对象活动的主体，相应地对象便成为客体。在思想政治教育过程中，教育者与受教育者都是具有一定文化、价值取向、主观能动性和鲜明个性的人，即都是具有主体性的人，因此，思想政治教育的主体包括教育者和受教育者。主体和客体是思想政治教育学的基本范畴之一，我们明确了思想政治教育的主体，就不难明白与之相对应的客体是什么。马克思主义认为，客体是主体实践活动和认识活动的对象，客体的基本特点是客体性即受动性、受控性和可塑性。思想政治教育的客体是其主体的作用对象。在思想政治教育过程中，教育环境、教育目的、教育内容、教育手段等只能充当教育主体的行为对象，成为教育客体。思想政治教育过程就是主体之间、客体之间、主客体之间相互作用、相互影响、相互促进的辩证统一过程。

研究思想政治教育主体的主体性问题，应首先明确的是，主体性是一个对象性范畴，只有在对象性关系中才能获得自身的规定，并通过主客体之间的相互作用才能具体表现出来。思想政治教育者即思想政治教育活动的组织者和实施者，是思想政治教育的主体。思想政治教育者的主体性是思想政治教育者的"本质力量"，在整个思想政治教育活动中，思想政治教育者占主导地位，其主体性主要体现在对思想政治教育过程的主导性作用上。这种主导性作用具体表现有：对教育内容和教育情境的主体性把握和选择；对教育对象主体性的尊重、引导和激发，以及对教育对象思想行为变化的引导等；获取思想政治教育过程中的各种反馈信息，进行分析、整理，并据以调控自己的组织行为及教育行为等。教育者的主体性作用发挥得如何，直接关系到思想政治教育的方向和效果。

受教育者的主体性主要体现在受教育者在接受思想政治教育的过程中的能动性、自主性和创造性的特征上。能动性，是指受教育者能够借助感觉、知觉等认知形式，认识到自身思想道德水平和社会要求之间的差距，激发参加和接受思想政治教育的需要；以自己的世界观和价值观为准则，有选择、有鉴别地接受教育者施加的影响；能自觉地把思想转化为行为，自觉提高思想道德水平。自主性是指受教育者具有独立的主体意识，在教育者的启发指导下，自主地选择接收信息，自主地调节思想活动和行为。受教育者的创造性，一方面表现为在参与思想政治教育活动中摸索和创造出思想政治教育的新方式、新方法；另一方面表现为，在接受教育的基础上重新建构和发展自己的思想品德结构，增强适应社会和自我发展的能力。

（三）主体性思想政治教育

综上所述，所谓主体性思想政治教育，就是教育者主体根据社会要求和受教育者身心发展规律，有目的有计划地引导、激发受教育者主体的能动性、自主性和创造性，通过教育者和受教育者双方的平等交往、交流等形式，促进受教育者现有思想道德品质的完善和发展，把受教育者培养成为具有社会主体意识的人的教育活动。在这一思想政治教育过程中，其核心是教育者和受教育者的主体性均得到充分的发挥。概括而言，主体性思想政治教育是指以教育者和教育对象主体性的充分发挥为保障和体现，以培养、开发教育对象的主体性为目标导向和价值追求的教育。

这一定义包含三层含义：一是明确了思想政治教育的主体定位，即教育者和受教育者都是具有一定价值倾向性、个性及不同程度能动性和创造性的独立主体，都是具有主体意识、主体价值观念和独立人格的个体。他们同为思想政治教育的主体，二者之间应建立民主、平等、双向的互动关系；二是明确了思想政治教育的理念指向，即思想政治教育是一项主体性很强的教育活动，它不仅要求充分发挥教育者的主体性，而且更加重视尊重和开发受教育者的主体性；三是明确了思想政治教育的核心目标和任务，即以促进受教育者全面自由的发展为根本目的，以促进受教育者主体性发展为根本要求，其根本任务是不断提高受教育者的主体意识、主体能力，并使之成为自我教育、自我选择、自我管理、自我完善的社会主体。

21世纪是一个弘扬主体性，实行"主体教育"的世纪。主体性思想政治教育的确立，既是社会发展、人的发展以及思想政治教育自身发展提出的客观要求，也是思想政治教育促进社会发展与人的发展的需要。因此，弘扬和培育人的主体性，理所当然地成为现代思想政治教育的发展趋势之一。当前，随着主体性教育实践的不断深入，构建一个科学的主体性思想政治教育模式就显得十分迫切和必要。

二、高校主体性思想政治教育模式概述

思想政治教育思想总是通过一定的思想政治教育模式来实施的。主体性思想政治教育模式是主体性思想政治教育思想深入实践的必然要求，是主体

性思想政治教育思想与主体性思想政治教育实践联系的中介。高校主体性思想政治教育模式是思想政治教育者主体以学生的需要为出发点，以学生的发展和完善为目的，根据社会的需要和学生主体自我发展的要求，有目的、有计划地组织、规划各种活动，通过激发学生的主体意识、培育学生的主体精神、提高学生的主体能力，促使其完善主体人格、塑造主体形象，以积极的姿态适应社会、改造社会。

（一）高校主体性思想政治教育模式的立足点

高校主体性思想政治教育模式以学生的需要和实际接受能力为立足点。思想政治教育过程是一种教育性的活动和交往过程。在这个过程中，教育者的目标明确、组织严密以及人格榜样和教育主体作用的充分发挥，对思想政治教育的发展方向起着规范和保证作用。但是，在这个条件具备的情况下，教育内容能在多大程度上被转化到受教育者的思想品德结构中去，则取决于受教育者的接受机制，而在接受机制中又首先取决于接受活动的动力系统。因此，主体性思想政治教育模式以加强接受机制为核心，努力做到社会要求与教育对象自身的需要紧密结合，在保证思想政治教育的社会适应性的同时，更加重视教育对象的个体适应性，更多地关注教育对象自身成长的需要。

需要引起动机，动机支配行为。接受活动作为一种有目的的认识活动和实践活动，就必然与一定的需要相联系，没有需要也就没有接受活动的产生。需要构成了思想政治教育接受的出发点和归宿，反映了接受主体的能动性。思想政治教育接受主体的需要是进行接受活动的动力。因此，高校主体性思想政治教育模式要求我们必须做好以下三个方面的工作：

1. 全面了解学生的需要

马克思主义认为，需要是人类一切认识活动和实践活动的出发点。做好思想政治教育工作，首先要了解人们的需要，这是预测人的思想动机和引导人们行为的先决条件。由于学生的年龄、性别、习惯、性格、学习背景、家庭背景等因素的差异，他们的需要也千差万别。有的对住宿条件、饮食环境、生活补助等物质生活需要较为强烈；有的具有较强的竞争和参与意识，要求参加培训以提高发展自己；有的则需要教师的督促和帮助等等。层次不一的需要，要求思想政治工作者和教育管理人员深入调查研究，全面了解和准确地把握学生的需要，这是有针对性地设法满足其需要的前提，也是增强学生接受效果的重要前提。

2. 满足学生的合理需要

马克思指出："任何人如果不同时为了自己的某种需要和为了这种需要的

器官做事，他就什么也不能做。"这就告诉我们，人的一切行为包括大学生的思想接受活动的发生都是为了满足自身的需要，没有需要就没有接受的主动性和积极性。正确的需要得不到满足或错误的需要得不到转化都将成为思想政治教育接受活动的内部障碍。这就要求高校思想政治教育者要按照大学生们的"需要来解释他们的行为"，并及时满足学生的合理需要。

美国心理学家马斯洛认为，人的需要具有层次性，并认为高一级的需要只出现在低级别的需要基本满足之后。因此，思想政治教育者就应找出一般激励因素并采取相应的组织措施，来满足学生的不同层次的需要。此外，还要注意满足不同学生的需要。在现实生活中，每位大学生的需要都是有一定的差异的。为了增强学生的接受效果，思想政治教育者必须对不同学生的需要加以具体分析。对学生急切的合理需要，应尽可能予以优先满足，有效地挖掘他们的潜力，激发他们接受的积极性；对一些因条件限制而暂时难以满足的需要，要说明原因，讲清道理，积极创造条件，争取得到他们的理解和支持；对那些不正当甚至是错误的需要，既不姑息迁就，也不武断地否定拒绝，而要做细致耐心的说服工作，帮助他们提高思想觉悟。真正做到政治上关心，思想上帮助，工作学习上支持，生活上关怀，从而满足大学生的需要。

3. 正确引导学生的需要，提升学生的需要层次

一般来说，高校学生的大部分需要是积极、合理的，但也存在着一些消极的、不合理的需要。这就要求高校思想政治教育者在设法满足学生合理的、正确的需要的同时，及时扭转学生不合理的或不切实际的需要。然而，思想政治教育的根本目的是满足人和社会向更高层次发展的需要，促进人的发展和社会的发展。怎样使学生自身的发展需要与社会的发展需要相一致、相结合，这就要求思想政治教育者必须准确把握学生的需要规律，研究社会要求与个人需要之间的一致和矛盾，以便通过思想政治教育工作克服困难。在矛盾不断解决的过程中，教育者帮助学生了解自身思想品德状况同社会要求之间的差距，启发学生认识自己接受教育影响、实现思想转化的需要，并引导他们的需要向更高层次发展，从而产生接受教育和自我教育的内在动力。

（二）高校主体性思想政治教育模式的目标

目的性是人类实践的一个根本特征。思想政治教育的目标，即实施思想政治教育所期望达到的结果。它规定了思想政治教育的内容及其发展方向，是思想政治教育的出发点和归宿，制约着整个思想政治教育活动。目标科学与否，直接关系到思想政治教育的实效。"现代思想政治教育的目的，是要培养新世纪生活的主体，因此，建构主体性思想政治教育模式，就应当立足于

培养开发和充分发挥受教育者的主体性，来确立和完善思想政治教育的目标系统。"由于人的主体性是由多种要素构成的，所以，主体性思想政治教育目标应包含以下内容：

1. 尊重学生的主体地位

人是世界和自己的主人，也是思想政治教育现象生成的根基和前提。大学生作为一个活生生的个体，是具有生命力和创造力的，不应该成为教育者的复制品，而应有其自主性、独立性，成为自己创造性活动的主宰者。这就要求思想政治教育者转变教育观念，视大学生为思想政治教育的主体、学习发展的主体，尊重其主体地位。"尊重对象的主体地位，不仅承认教育对象是社会生活、政治生活、道德生活的主体，而且帮助他们确立起在社会生活中的主体地位。"这就要求教育者必须以平等的态度对待教育对象，以教育对象成长和发展的需要作为思想政治教育的出发点，把教育工作落实到激发教育对象的主体性和充分发挥他们的主体作用上。只有尊重学生的主体地位，才能使学生获得自尊、自信的情感体验，也才能学会对自我负责，对他人负责，对社会负责。只有这样，才能达到思想政治教育的目的。

2. 培养学生的主体意识

主体意识是指作为认识和实践主体的人对于本身的主体地位、主体能力和主体价值的认识和自觉，是主体的自主性、能动性和创造性的观念表现，它包括主体的自我意识和对象意识。教育者所传导的思想政治品德要求能否被接受、在多大程度上被接受，除了取决于教育是否符合对象成长的内在需要外，更取决于对象的主体意识。

青年大学生一般都在18岁以上，他们自主意识显著增强，开始反对不符合自己意愿的强制物。这在客观上要求我们必须尊重学生主体意识存在，开展主体性思想政治教育。但是，他们处在迅速走向成熟又未完全成熟的时期，他们自我意识迅速发展，分化为理想的自我和现实的自我，健康成才和全面发展是他们的根本利益和最大愿望，为了使他们提高对这一根本利益追求的自觉性，我们不仅应尊重其主体意识，更应该增强其主体意识，这是学生自觉地以主体身份开展自我教育的重要驱动力量，也是推动学生由实然主体向应然主体进行转化的重要条件。

增强学生的主体意识，主要的就是要引导他们认识自身在社会主义事业中的主体地位和肩负的社会责任，认识自身的权利和义务，提高积极投身改革开放和社会主义现代化建设的自觉性；引导他们正确认识个人与社会、个人与群体、自身与他人之间的关系，使他们能够在充分认识和积极发挥自身主体性的同时，尊重和肯定他人的主体性，并使自身主体性的发挥始终有利于增强集体乃至整个中华民族的主体性，始终有利于推动社会的发展；引导他们的社会主义信仰意识，使其以对社会主义的坚定信任为基础，不断追求更高层次的目标，并在现代社会多元文化价值观的融合与冲突中，把握正确的方向感，树立强有力的精神支柱。

3. 发展学生的主体能力

在思想政治教育中，受教育者的主体能力主要是指足以使主体成功地完成某种思想政治品德活动所具有的思想政治品德认知能力、选择能力和行为能力。对于大学生而言，成为教育活动和自身发展的真正主体，仅仅具有主体意识和主体地位是不够的，还要具有与之相适应的主体能力，主体能力是人成为主体的基本依据。培养对象的主体能力，是思想政治教育的根本任务和核心目标。

在新世纪，国内外的社会环境正在发生、还将不断发生复杂而深刻的变化，社会经济成分、组织形式、物质利益、就业方式日益多样化，这一切必然引起人们精神世界的深刻变化。并且，随着改革开放的深入和网络文化的大众化，国外各种社会思潮大量涌入，充斥着人们的头脑，冲击着人们对传统思想道德观念的信仰。大学生只有具备较高的思想政治品德认知能力、选择能力和实践能力，才能在错综复杂、真假难辨、相对过剩的信息面前，"择其善者而从之"。只有这样，才能适应未来社会经济、政治、文化等的变化，成长为"四有"新人。

正是从这个意义上说，高校主体性思想政治教育模式坚持强调把大学生作为思想政治教育的主体，把培养大学生的道德能力作为思想政治教育的目的，帮助大学生确立起在社会道德生活中的主体地位；克服传统思想政治教育只注重道德观念的灌输而疏于道德能力培养的弊端。

4. 塑造学生的主体人格。主体人格是主体所具有的尊严、价值和品格的总和，它体现的是自立、自尊、自信、自强，追求的是自我创造和自我超越，高扬的是人的自由和全面发展。主体人格是主体道德修养成果的集中体现，是统一人的各种素质的本质价值。因此，主体性思想政治教育价值不仅表现为促进社会政治经济文化发展的工具性价值，而且还表现在促进主体人格完善的目的性价值。

塑造对象的主体人格与弘扬人的主体性是完全一致的。主体人格对人的主体性的发挥起着十分重要的导向和激励作用。塑造教育学生的主体人格，主要的就是要引导他们确立正确的价值观念和崇高的人生理想，养成优良的道德品质，培养积极的情感和坚强的意志，形成全面发展的个性。

主体理想人格的塑造是一个长期的渐进过程，思想政治教育只有克服目标单一的弊端，使起点切合各个学生的年龄特征和思想实际，把先进性要求同广泛性要求结合起来，便能引导他们充分发挥其主体性，不断完善其人格，使自己成为社会生活、政治生活、道德生活的主体。

（三）高校主体性思想政治教育模式的原则

我们认为，在思想政治教育过程中，教育者与受教育者都是具有积极主动性的主体，但并不是说主体与主体之间是没有差别的，而是意在承认和尊重教育者与受教育者各自的主体地位，承认教育者和受教育者的主体性及其特殊性，更好地发挥各自的主体性作用。主体性原则是主体性思想政治教育模式的基本原则。

高校主体性思想政治教育模式在强调教师主导地位的同时，更加注重学生主体性的发挥。一方面，必须充分发挥教师的主体性及主导作用，由教师来激发和正确引导学生的主体性。学生是主体，但学生是发展中的主体，尚需培养和造就；学生身上蕴含着一定的主体性，但这还有待于教师的合理激发。所以，教师要主动地把握学生的身心发展实际和规律，制定符合社会发展和个人全面发展的教育目标，精心选取教育内容，创新教育情景，采取有效的教育方法，唤醒学生的主体参与意识；帮助学生建立起良好的内心道德环境，提高其自我教育和自我修养的能力，自觉地把社会的道德要求转化为自身内在的思想道德品质；培养学生在面对道德情景、道德问题时能够自我选择、自我判断的能力，逐渐形成并努力践行自己的思想道德品质；保证学生道德认知、道德选择、道德意志、道德行为全面和谐地发展。

另一方面，"教育的成效如何不仅取决于教育过程的主体（教师主体）的努力，在很大程度上也取决于被教育者，取决于他有无认识周围世界的愿望，有没有学习科学文化成就、掌握社会主义生活规范和准则的积极性和自觉性"。学生作为受教育者，应明确自己在思想政治教育活动中所扮演的角色、对自己的接受行为在整个思想政治教育活动进行和完成所具有的意义，积极参与、配合教育者的相关活动；把教育者提供的外在要求变为自身自觉学习提高的内在需求，主动认可教育目标，发挥主观能动性，积极地选择和汲取教育影响，创造性地加以内化，形成正确的符合时代发展所需要的道德品质，并自觉外化为良好的道德行为，能动地反作用于教育者，影响教育者，实现教学相长。

所以，高校主体性思想政治教育模式是通过充分发挥教师和学生双方的主体性来完成的，其中教师的主体性表现为对教育内容、教育对象的主体性把握，对受教育者主体性的尊重、引导和激发。学生在教育过程中的主体性发挥程度，直接关系到思想政治教育效果的好坏。

大学生主体性的发挥与教师主导作用的发挥相互作用，相互影响，二者是辩证统一的。一方面，学生主体作用的发挥，离不开教师的激发和引导。人的需要靠引导，要由低层次向高层次发展并产生符合思想政治教育目的的主流需要；人的选择同样需要引导，是个人自主选择和他人引导的结果。离开了教师的引导，学生的主体性发挥就会变得漫无目的地随意发展。另一方面，教师主导作用的实践，也离不开学生主体作用的发挥。离开了学生的主体参与，教师的主体引导由于缺乏对象而会变成无源之水，无本之木。总之，主体性思想政治教育过程是教师的主导作用和学生的主体作用辩证统一的过程，只有充分发挥这二者的作用，使之相辅相成、相得益彰，才能使思想政治教育过程顺利进行并取得成效。

在主体性思想政治教育模式运行的过程中，形成了教育者与受教育者双向互动的主体际师生关系。主体际师生关系具有这样三个基本特点。第一，平等性。在思想政治教育过程中的师生是完全平等的。这种平等性主要在人格尊严方面，教师与学生都是具有独立自主、主观能动性的人，在思想政治教育过程中，教师与学生不应该是支配与被支配、领导与被领导的关系。第二，目的性。思想政治教育过程中的师生关系是必然的、不容师生选择的关系，这种关系以一定的法律原则为依据，在教育原则指导下组织、建立和发展，并体现和符合思想政治教育目的和社会性要求。第三，互动性。思想政治教育过程中的师生关系，是在思想政治教育这一特定实践活动中两个具有平等地位的主体之间的关系，这种关系不是单向的，而是双向互动的。

第二节 构建高校主体性思想政治教育模式的基础

提倡和建构主体性思想政治教育模式是时代发展的要求，是人的思想品德形成规律和思想政治教育规律的要求，是人的本质发展的要求，是时代发展的要求，是提高思想政治教育实效性等的要求。总之，构建高校主体性思想政治教育模式是现代思想政治教育的应有之义，建构高校主体性思想政治教育模式有其理论基础和现实依据。

一、理论基础

（一）个体思想品德形成发展规律和思想政治教育规律所决定

思想政治教育工作要想取得成效，就必须遵循人的思想品德形成发展规律和思想政治教育规律，有针对、有依据地去做。人的思想品德形成发展规律和思想政治教育规律决定有效的思想政治教育必须坚持主体性原则，实施主体性思想政治教育模式。本文以内化外化律为例来说明建构高校主体性思想政治教育模式的必要性。

"内化外化律"是思想政治教育的一个基本规律，即思想政治教育过程既是教育者遵照一定的教育目标，有目的、有计划地向受教育者进行教育的过程，同时又是受教育者在接受教育后，主动地把教育要求内化为自身的思想品德，外化为行为和习惯的过程。没有受教育者积极有效地参与和配合，就不会使教育要求转化为受教育者的思想品德、外化为行为和习惯。

马克思主义关于内外因辩证关系的原理告诉我们，事物发展的动力是其内部的矛盾运动，内因是根据，外因是条件，内因决定外因。人的思想政治品德不是与生俱来的，而是在后天的社会环境影响下形成的，客体因素对人的思想政治品德形成与发展具有决定性影响。而影响人思想政治品德形成与发展的客体因素是纷繁复杂的，它们以各不相同的方式对人的思想政治品德形成与发展施加影响。作为思想政治品德主体的人，他们在接受外部社会环境影响，形成自己的思想政治品德的过程中，绝不是消极、被动的。主体因素在思想政治品德形成与发展过程中发挥着能动作用。马克思曾指出，人们"行动的一切动力，都一定要通过他的头脑，一定要转变为他的愿望动机，才能使他行动起来"。客体因素在影响主体时，能否产生效果，产生什么样的效果，不仅仅在于客体因素本身，更在于接受者本身的主体因素，在于主体因素对客体因素的吸收、筛选、消化、应用状况，在于主体因素与客体因素之间的平衡和协调。只有在主客体因素都与一定社会的思想政治品德要求相互一致、相互平衡、相互协调的条件下，才可能形成良好的思想政治品德，并经过品德情感、信念、意志的触媒、催化，投入到社会实践中去，转化为实际思想政治品德行为。

思想政治教育的主要矛盾是教育者代表社会所提出的思想政治观点和道德规范要求与受教育者现有的思想道德水平之间的矛盾。解决这个主要矛盾，并不是靠教育者简单地、单向地外部灌输，而是在教育引导的基础上经过受教育者自身的主动选择、消化、吸收、运用，在思想上展开矛盾斗争，通过自身自主、自觉的内心体验，通过自主的思考和分析，选择和认同，在具有一种强烈的自我同化欲的基础上克服知、情、信、意、行的种种障碍，才能把社会要求转化为个体的思想品德。主体性思想政治教育的出发点和落脚点正是为了激发受教育者的能动性、自主性和创造性，提高其自我教育、自我修养的能力。

（二）思想政治教育的本质要求

思想政治教育的本质是一种有目的、有计划、有组织的社会实践活动。从思想政治教育的目的来看，思想政治教育的本质在于服务社会进步和人的发展，它的根本目的是通过各种思想政治教育活动来提高受教育者的思想道德素质，培养社会生活的主体。这实际上就是要培育受教育者作为社会主义建设者所应当具备的主体意识、主体能力和主体人格，使其对所处社会关系采取积极负责的态度，对教育者所传导的社会规范，独立地做出道德判断、选择，在社会实践中自主地调节自己的道德行为，从他律转化为自律，发展和完善自己的思想和品德。教育者要充分发挥受教育者的主体性，着重培育受教育者的主体意识，使之能充分认识到自身在国家富强、民族振兴中的主体地位和肩负的历史使命，自觉增强投身社会主义现代化建设所需具备的认识能力、实践能力、创新能力，成为高度自觉、全面发展的社会主义建设者。总之，思想政治教育目的内在地包含着要弘扬和培育人的主体性，坚持主体性思想政治教育。

从思想政治教育过程来看，思想政治教育过程实际上就是在教育者的教育影响这一特殊外因作用下，受教育者思想政治品德的形成和发展过程，而受教育者是其自身思想行为的主体，其思想政治品德形成和发展的根本动力在于受教育者主观能动性的发挥。因此，在思想政治教育过程中必须激发和培养受教育者的主体性，激励、引导他们主动地接受教育和进行自我教育，自觉地把社会道德规范转化为内心信念。可见，坚持主体原则，培育人的主体性是思想政治教育的应有之义。

（三）人的本质发展的必然要求

主体性是人的本质属性，是人区别于动物的本质特征。因为人是有意识的，而动物则不同，动物只能按照自身的物种尺度去消极地适应自然，人却能够按照自然规律用一种相应的尺度来积极地改造自然以满足自己的需求。正是这种意识将人与动物完全区分开来，从而有了人的自主性、能动性、创造性的前提条件。在人类的经验和知识不断积累的过程中，人对自然的控制日益加强，人从几乎完全受制于自然的情况下，日益增强驾驭和改造自然的能力，人在自然面前的主体性日益提高。

在人类社会发展历程中，人们对社会的认识和改造同样需要发挥人的主体性。马克思认为，自然界或现实世界是人的能动的实践活动的人化，是表现、实现和确证人的实践本质力量的对象，因此，离开现实对象的人的主体实践活动或活动现实对象，都将是一种孤立的、抽象的和单向度的存在，因而也是一种毫无现实内容和意义的存在。人的主体能动的实践活动把人的内在主观意图外化，使作为客体的现实世界或事物发生变化并对人呈现意义，使一切关系表现出为我关系，在人的主体性作用下，实现社会全面、和谐发展。

在人与自身的关系中，人既是主体，又是客体，人可以把自身作为客体对象进行剖析。自我认识、自我设计、自我改造和自我完善都是弘扬人的主体性的体现。人是有意识的类存在物，这种意识不仅把自己的生命活动本身看成自己意识的对象，而且能把他同其他的对象区别开来，把这一对象变成他认识和改造的对象，把自己看成是认识和改造的主动者。正由于此，他的活动才能是自由自主的活动。

作为社会的人必须学会正确而又全面地处理好人与自然、人与人、人与社会、人与自身的几重关系，而这每一对关系都表现出一种主客体关系，因而只有具有强烈主体性的人，才能认识世界，改造世界；才能认识自我，完善自我；才能相互合作，共同发展。

二、现实依据

（一）现代社会发展的迫切要求

马克思立足于人的发展，把人类历史进程概括为三个社会形态：人的依赖关系，是最初的社会形态，在这种形态下，人的能力只能在狭窄的范围内和孤立的地点上发展着；以物的依赖性为基础的人的独立性，是第二大形态，在这种形态下，才形成普遍的社会物质交换、全面的关系、多方面的需要以及全面的能力的体系；建立在个人全面发展和他们共同的社会生产能力成为他们的社会财富这一基础上的自由个性，是第三大形态。在人的第三个发展阶段，即在自由人联合体中，人的物化现象被克服，人与人的关系不需要以物的形式来表现，社会生产的直接目的不再是财富，而是人本身，只有在这种社会形态中，人的自由个性才有可能得到充分发展。可见，人的主体性发展经历了一个由弱到强、由局部人的主体性到多数人的主体性的过程；人的主体性的不断确立和弘扬，是人类历史发展的必然趋势。社会主义是人类历史上迄今为止最为先进的社会制度，具有资本主义无可比拟的优越性，为每个社会成员个体的全面发展提供了充裕的条件；也只有每个社会成员的全面发展，社会主义、共产主义才能实现。

当前，我国正"处于一个伟大的变革时代，同历史上任何一次伟大的变革必然要突出人的问题一样……人和人的主体性问题再次成为当今时代精神的精华——真正的哲学主题"。在主体性高扬、主体性原则普遍确立的今天，为提高受教育者的思想道德素质而开展主体性思想政治教育就是顺理成章的了。

（二）时代发展的要求

时代发展主要体现在社会主义市场经济的建立和完善以及科学技术的飞速发展两方面。现阶段，我国社会主义市场经济体制的逐步建立和完善既为人的主体性发展提供了不可缺少的社会经济条件，又使人的主体性发展问题显得更为迫切。

市场经济体制的建立和完善必然要求人们极大地增强各个经济主体的主体性，这是市场经济的特点决定的。市场经济具有自主性，它是经济主体间自主生产、自主经营、自主交换的自利行为活动，它要求摆脱和克服一切人身依附关系和依附观念，提高人们的自主精神和自主能力，增强人们的自我意识。市场经济具有平等性，遵循等价交换的法则，使经济主体在平等互利的经济活动中去实现主体的利益最大化，它要求人们破除一切等级观念和特权思想，增强平等意识，正确认识和充分行使自身作为市场主体所享有的平等权利，并尊重其他市场主体的权利，彼此平等相待。市场经济具有竞争性，只有勤奋进取、不断创新的经济主体，才能在激烈的竞争中使自己立于不败之地。市场经济的竞争性，要求人们必须破除一切抱残守缺、因循守旧、知足常乐的保守心理和习惯，增强竞争意识和创新意识，不断发展自身的创造能力。市场经济具有开放性，信息就是金钱，没有信息便不可能提高效率、争取时间、赢得主动，这就要求人们必须打破过去那种自然经济条件下人的活动的地域局限性和小生产的狭隘眼界，既要增强开放意识，又要大力弘扬民族主体精神，充分发挥自身的积极性和创造性，以增强我国的综合国力。

社会主义市场经济呼唤着人的主体性的充分发展和发挥，同时，也激发了人的主体意识生成，唤醒了人们巨大的积极性、主动性和能动性，人们的使命感、责任感和风险意识显著增强。思想政治教育要适应社会主义市场经济体制的要求，为其提供有效的服务和强有力的保证，就必须着力弘扬和培育人的主体性，把受教育者培养成具有强烈主体意识、自主自立自律品格、坚强意志和奋斗精神及敢于创新且能独立思考的社会主义事业的合格建设者。

此外，在当今信息时代，现代传播媒介飞速发展，扩大了人与人之间交往的方式和范围，开拓了主体自我价值的实现途径。一方面，由于大众传媒的信息更迅速、更丰富多彩，这就给受教育者主体提供了更多的教育信息和教育机会。另一方面，由于信息传播媒介多样化、信息价值取向多元化，必然会使受教育者主体在面对日益复杂的信息环境时感到无所适从。这就要求我们在思想政治教育中必须注重培育学生在接受环境影响和思想信息方面的能动性和自主性，在引导人们树立正确价值观的同时，着力培养人们分辨是非的能力、自主选择的能力和自我教育的能力，做自己活动的主人。只有这样，才能使人们在纷繁复杂的环境中，始终坚持坚定正确的思想政治方向。

大学生是十分宝贵的人才资源，是民族的希望，是祖国未来的建设者和接班人。加强和改进大学生思想政治教育，必须从他们的实际情况出发。当代大学生的身心发展水平已日趋成熟，并表现出具有时代特色的新特征。

1. 自主意识进一步增强

青年大学生随着年龄的增长、经验的积累和智能的提高，其依从性逐渐减弱，主体性日益觉醒，突出表现在自尊、自信、自主意识、自主能力的增强。当代大学生对于事物的认识具有自己的看法和观点，逐渐形成了独立自主的品格，他们对自己的认识水平和认识能力充满了自信，要求有更多的发言权，有强烈的自我表现、自我决策、自我实践的意愿，有自己的理想和抱负，相信自己有能力去解决各种问题和战胜各种困难。加强对大学生的主体性教育，有利于使其形成自我教育、自我发展的意识和自我负责、自我约束的观念，实现健康全面的发展。

2. 竞争参与意识增强

大学生在认真学习业务知识的同时，更重视自身各种能力的培养，积极参加班级和学校组织的活动，施展自己的才华。他们愿意当学生干部，在竞选学生干部时，很多学生跃跃欲试。在文体活动中，重参与，表现自我。然而有一点不能忽视，虽然他们竞争、参与意识很强，但心理素质较差，一旦发现自己得不到他人的认可，就会变得消极、悲观。主体性思想政治教育不仅要求发挥受教育者的自主性，还强调受教育者自主性的发挥离不开教育者的积极引导。

3. 强烈的求知欲

一方面，由于就业形势越来越严峻，大学生们面临的就业压力日益加重。怎样增强自身的竞争力，在未来的竞争中立于不败之地？这就激起了大学生强烈的求知欲。另一方面，大学生日益增强的社会责任意识和自身的成才愿望也是激发求知欲的重要原因。当代大学生关心国际国内大事，与社会的联系大大加强，能以主人翁的姿态投身到社会活动中去，将自身价值的实现与祖国的前途命运紧密联系到一起。大学生强烈的求知欲需要老师的正确引导，处理好专业学习与扩大知识面的关系、理论与实践的关系、知识学习与思想素质发展的关系。

4. 思想呈多元性特点

在计划经济条件下，学生个体思想有趋同化倾向。当前，一方面由于社会体制的改革、机制的转换、经济关系的多样性，反映在人的认识上，使人的思想呈现复杂多样性、时代性特征。另一方面，由于学生受家庭条件、学校教育、社会环境、个人经历等诸多因素的影响，高校学生的思想呈现丰富化、多样化、个性化的特点。但大学生的道德观念、价值取向还处在不成熟状态，容易出现矛盾、言行不一、眼高手低等现象。这些都说明，在高校实施主体性思想政治教育具有重大的现实意义和时代价值。

总之，当代大学生面临更多的现实问题，需要自己去判断、去思考、去了解，比如说择业问题，学费问题，同学关系问题，上网与学习的关系问题，恋爱与婚姻关系问题，如何应对社会激烈变革对自己带来的影响，以及如何度过大学生活、如何成才问题等等。这就要求高校思想政治教育培育大学生的主体性，提高他们自主解决问题的能力。

（三）提高思想政治教育实效性的要求

当前，高校思想政治教育存在的主要问题是针对性差，实效性不强，究其原因，高校思想政治教育忽视大学生的主体性存在，不重视大学生主体性培养是其主要原因之一。实际上，大学生已具有相当的主体意识，这在客观上要求教育者尊重学生的主体地位，开展主体性教育；同时，大学生的世界观、人生观、价值观并未完全成熟，大学生的主体性还有待进一步培养、引导和发展。然而长期以来，高校思想政治教育却存在着对学生主体性重视不够的问题，采取单纯的理论灌输和"我打你通"的强迫式思想政治教育模式。

1. 在思想政治教育的目标上坚持"社会本位"，从社会需要的角度出发，强调培养符合社会要求的人；教育目标上只停留在宏观层面，存在着泛政治化、功利化、形式化等倾向，未能根据学生不同年龄阶段的特点将之具体化、层次化。

2. 在思想政治教育过程中，只重视教师的主导作用，忽视学生的主动性和积极性。仅仅把学生作为影响的对象，视为填充各种美德品格的袋子，在整个思想政治教育过程中忽视学生的主体需要和兴趣，表现为单向的"灌输"模式，最终使思想政治教育失去了人，使部分学生形成"知而不信""言而不行""知行不一"的双重人格。

3. 在教育内容上，过多强调个人对社会的责任和义务，而少谈甚至不谈个人应有的权利和怎样维护自己的合法权益。当社会价值与个人价值发生矛盾和冲突时，一味地以牺牲个体价值去迎合社会的需要，从而导致思想政治教育疏远人、背离人，甚至束缚人等"目中无人"的情况时有发生。

这种教育模式，其目标和愿望可能是好的，但因其限制了个体选择的自由和可能性，直接诉诸说教、劝诫、纪律、惩罚从而扼杀了个体的参与热情，人的积极性、能动性和创造性没有得到应有的发挥。由于受教育者始终处于受制于人的地位，缺乏自主性和独立思考能力，以至于逐渐养成了"唯书、唯师、唯上"的顺从之性，只会消极地适应环境而不能独立自主地超越和创造环境。对传统的思想政治教育模式的反思，使我们认识到，这种教育目标、教育内容或超出了个体接受能力，或不能满足个体主体需要和兴趣，其结果都是个体在教育活动中削弱或丧失自己的主体地位和主体性，甚至会发生反主体性。按照这种教育模式所培养出来的学生，与现代社会所追求的开拓、进取和创新的时代精神是不相契合的。因此，要实现思想政治教育的改革和创新，提高思想政治教育的实效，摆在我们面前的一个重要课题就是——适应时代发展要求，改变传统的思想政治教育模式，充分发挥教育者和受教育者的主观能动性，使二者都成为教育活动的主人，弘扬人的主体性，培育人的主体意识。

第三节 构建高校主体性思想政治教育模式的具体要求

一、构建高校主体性思想政治教育模式的原则

（一）以人为本原则

思想政治教育作为一门以人为对象，研究人的思想、行为的科学，以人为本是其基础和落脚点。因此，构建主体性思想政治教育模式首先应该坚持以人为本原则。

思想政治教育工作，实质就是以人为工作对象，做人的思想转化工作。思想政治教育是思想政治教育者帮助思想政治教育对象提高思想政治道德素质的过程，是将一个不适应或不完全适应社会发展需要的人，培养成为能够适应一定社会发展需要的合格社会成员的过程。以人为本，就是要重视人的价值，肯定人的作用，承认人的力量和能动性，以人为根本。主体性思想政治教育模式坚持以人为本原则，就是要把以有利于学生全面发展作为最根本的标准，它是指在思想政治教育活动中，坚持一切从人出发，尊重人、理解人、关心人，充分调动和激发教育对象的积极性和创造性，以达到人的全面发展为目的的观念。以人为本要求在思想政治教育出发点上尊重教育者和教育对象的主体地位，了解学生特点和学生需要，从学生的内在需要出发，帮助学生形成正确的需要层次和需要结构；在思想政治教育目标上不仅仅考虑

社会规范和要求，更要突出培养学生全面发展、培养学生主体性的要求；在思想政治教育方法上实现由外部灌输向注重学生自我实践体验的转化；在师生关系上实现主客对立向师生互动的转变等等。"为了一切学生，为了学生的一切，一切为了学生"，正是以人为本思想在高校主体性思想政治教育模式的体现。

（二）整体性原则

世界上的事物或现象，都是由相互联系、相互作用的各种要素或部分按一定结构组成的具有特殊功能的有机整体。事物的整体性质，不是其各个组成要素或部分处于孤立状态中的特性的简单堆砌，而是其各个组成要素或部分所没有的新质。离开了整体，也就无从了解组成它的各个要素或部分的原来意义。整体性是系统论的基本观点。它要求我们在观察和处理问题时，不能孤立地片面地只看到事物的局部，而应自觉地坚持系统分析的方法，从事物的整体、从整体和部分的相互联结中去全面地把握事物，并把重点放在考虑事物的整体效应上，以期达到整体或全局的最佳效果。

构建主体性思想政治教育模式坚持整体性原则，就要承认主体性思想政治教育模式是一个多因素组成的有机整体，它的构建不仅要以学生的需要及实际接受能力为根据、确立以培养和发展人的主体性为思想政治教育目标，而且还要有一系列与之相匹配的教育内容、方式方法、途径、保障体系等等，并使这些要素相互协调配合，只有这样才能发挥主体性思想政治教育模式整体的最佳功能。相反，如果破坏了这些要素的"有机整体结构"，各要素互不配合，则必定导致主体性思想政治教育模式整体功能的破坏。恩格斯指出："许多人协作，许多力量结合为一个总的力量，用马克思的话来说，就造成'新的力量'这种力量和它的一个个力量的总和有本质的差别。"所以，在主体性思想政治教育模式中，要发挥各种思想政治教育因素（主体、客体）、各种思想政治教育力量（家庭、社会、学校）、各种思想政治教育影响（理论教育、校园文化、心理咨询、社会实践等）等的作用，以形成思想政治教育合力。实现思想政治教育的有效性，依赖于组成这个系统的各个要素有效作用的发挥及其他们的合力。

（三）科学性原则

科学性原则是思想政治教育存在和发展的必然要求，是其活力所在。主体性思想政治教育模式坚持科学性原则，首先是指思想政治教育活动应遵循思想政治教育客观规律，如适应超越律、要素协调规律、内化外化律、双向互动律等。只有在遵守客观规律的前提下，思想政治教育有效性的实现才有了最基本的保证。其次，还要遵守受教育者思想品德形成的规律。在一定客观条件下，以学生发展需要为出发点，加强思想政治理论的灌输，使受教育者获得充分的知识储备、认知能力，在教育过程中注意以情感人、以理服人，锻炼学生的意志，最终使学生形成良好的思想政治品德行为习惯。最后，主体性思想政治教育模式坚持科学性原则，还要做到思想政治教育内容、方法手段的与时俱进，保持其科学性。没有内容、方式方法的科学性，再好的思想政治教育目标也无从实现，一切都会成为空谈。

人类的一切实践活动，归根结底，都是同人类的需要有关，都是在满足需要的驱动中进行的，自然也都以其对需要的满足为基本的尺度。正是遵循效用的尺度，人类的实践活动才获得了具有主导性意义的发展动力。在效用尺度的支配下，人类的实践活动在满足人类的相应需要、实现人类的相应目的方面所表现出的积极特性，就构成了人类实践活动的有效性。实效性是一切认识、实践活动的直接目的和最终目的，也是构建主体性思想政治教育模式的出发点和归宿。构建并实施主体性思想政治教育模式的目的就是要有助于思想政治教育目标的实现，构建这一模式坚持实效性原则就是要坚持一切以有利于思想政治教育目标实现为标准和原则。没有实效性，一切思想理论、模式都是没有任何意义的。我们上面所说的整体性原则、科学性原则、以人为本原则，本质上也都是为了实现思想政治教育的有效性。

构建主体性思想政治教育坚持实效性原则，主要指主体性思想政治教育模式的可操作性，在实践中的可行性及产生良好结果的可靠性。建构主体性思想政治教育模式不仅要有理论上的依据，还要能接受实践的检验，真正能够有利于思想政治教育目标的实现，有利于社会的发展和大学生的全面发展。

二、构建高校主体性思想政治教育模式的具体要求

（一）更新教育观念

思想是行为的先导，改进思想政治教育，必须首先更新思想政治教育观念。思想政治教育作为一种有目的、有指向的、社会的、文化的活动，更加突出地受到思想观念的支配。过时的、保守的教育体制和方式，往往凭借过时的、保守的思想观念维系而习惯地持续下去，对反映时代特征的教育内容和手段，也会按过时的、保守的思维方式给予裁定和阐释。构建主体性思想政治教育模式，必须以观念更新为先导和动力，以创新精神更新教育观念。

创新，是时代的要求和呼唤。创新是一个民族进步的灵魂，是一个国家兴旺发达的不竭动力。一个没有创新能力的民族，难以屹立于世界民族之林。

目前，我国正在进行的改革开放是一场深刻的社会变革，它促使人们的生活方式、思维方式、行为方式和思想观念发生了巨大的变化，从而使思想政治教育既面临着发展的机遇也面临着巨大的挑战。新形势下，作为我们党的政治优势和优良传统的思想政治教育，也只有高高扬起创新的旗帜，才能真正增强自身的有效性，开创出生动活泼的新局面。只有解放思想，勇于创新才能克服传统思想政治教育的弊端及其消极影响；如果无视社会的发展变化、学生思想行为的发展变化、学生生活环境的变化，仍坚持守旧的、保守的观念进行思想政治教育，拒绝研究新情况、新问题，就会导致思想政治教育体制的僵化，达不到思想政治教育目的。当前，构建主体性思想政治教育模式，应树立新的思想政治教育主体观、价值观、任务观。

1. 确立教育者和受教育者辩证统一的"双主体"观

我国在过去较长的时间里，在思想政治教育中主张片面的唯教育者主体观，而忽视受教育者在思想政治教育中的主体性，把受教育者仅仅视为消极被动地接受教育的客体，导致了思想政治教育中不可避免地命令主义、强制压服和单向注入，严重地挫伤和压抑了受教育者在思想政治教育中的主动性和积极性。这也是思想政治教育在较长时间出现实效不明显的重要原因之一。实际上，受教育者同教育者一样是思想政治教育过程的主体，思想政治教育过程既是教育者按照社会要求积极组织实施教育的过程，也是受教育者基于自身思想基础和内在需要，通过自己的积极活动，能动地接受教育和进行自我教育的过程。在这里，教育者组织实施教育的主体性与受教育者能动地接受教育和自我教育的主体性是并行不悖、辩证统一的。受教育者主体性的发挥离不开教育者的激发和引导；而教育者的教育也只有通过受教育者的积极活动才能发挥作用。实际上，教育者的主体作用，说到底也就是对受教育者主体性的激发、引导和培育作用。因此，我们必须克服片面的唯教育者主体观，同时也要防止片面的唯受教育者主体观，确立教育者的主体性与受教育者的主体性辩证统一的新主体观。

2. 确立社会价值和个人价值相统一的价值观

过去，由于受传统"社会本位说"的影响，在思想政治教育领域存在着片面的"唯社会价值观"，人为地把社会价值与个人价值对立起来，过分强调社会价值，忽视甚至否定个人价值。在这种思想指导下，思想政治教育目标只强调社会要求，忽视甚至否定个人的内在需要；思想政治教育功能只重视思想政治教育在促进社会发展方面的社会功能，忽视甚至贬抑思想政治教育在促进个人发展方面的个体功能，致使思想政治教育难以吸引受教育者的积极参与，因而收效不大。事实上，人是社会发展的手段，更是社会发展的目的。思想政治教育通过培养具有主体性的人来促进社会发展，而社会发展的最终目的也是为了人更好的发展。社会价值与个人价值是辩证统一的，如果割裂二者的关系，片面强调一方而忽视另一方，其结果，不仅人的主体价值得不到发展，人的社会价值也得不到充分体现。因此，在思想政治教育工作中必须克服片面的唯社会价值观，确立社会价值与个人价值相统一的科学价值观，在满足社会发展需要的前提下，充分尊重和兼顾个人的内在需要，促进社会价值与个人价值协调发展。

3. 确立规范灌输和能力培养相结合的任务观

过去，受传统教育思想的影响，思想政治教育的全部任务仅仅归结为"传道"，即灌输社会规范，视受教育者为社会规范的接收器，而不重视能力和个性的培养。因而，在思想政治教育中简单说教、硬性注入的现象普遍存在。事实上，完整的思想品德系统是一个由心理、思想和行为三个子系统有机结合而成的三维立体结构，具备思想政治品德知识，只为人思想政治品德行为和习惯提供了基础和前提。思想政治教育的最终目的不仅仅在于为教育对象提供理论的灌输，更重要的在于教育对象能在生活实践中践行思想政治品德行为。因此，培养人的主体意识、主体能力是思想政治教育题中应有之义。我们必须克服片面的唯社会规范灌输的任务观，同时，也要防止忽视甚至否定规范灌输的倾向，确立灌输规范与培养能力和发展个性相统一的新观念。在改进灌输方法，提高灌输效果的同时，重视社会实践的锻炼，着力培养人的能力和个性，促进人的全面发展。

（二）拓展思想政治教育新途径

1. 通过社会实践进行思想政治教育

人的思想品德形成的每一步，都离不开实践。实践既是学生内化思想认识、形成思想信念的基础，又是学生外化和践行思想政治教育要求的重要保证。社会实践是大学生思想政治教育的重要环节，高校在开展大学生思想政治教育工作时，要有目的、有计划地组织大学生利用假期或者社会实践课程积极投身于社会大课堂。社会实践与大学生主体性发展的关系主要体现在以下三点：

首先，社会实践是大学生主体性生成和发展的基本途径。弘扬和培育大学生主体性，就要着力组织和引导他们积极主动地投身于改革开放和社会主义现代化建设实践。社会实践活动以其丰富的形式、内容，贴近实际的方式进行，在自愿基础上广泛开展，不仅吸引学生，也极易调动学生主体内在积极性，通过其潜移默化的特点，培养学生自我教育能力，增强其主体意识，提高其主体能力，完善其主体人格。

其次，社会实践有助于大学生对社会的全面了解。对社会和国情的全面了解是加强大学生思想政治教育的重要内容和前提条件。当前，我国正处在历史转型时期，新旧体制交替、传统和现代融合、经济发展中所遇到的问题与转型中不可避免地阵痛并存，这些都使社会问题复杂化。而当今的大学生由于阅历浅，头脑中理想化的东西较多，从而使他们对复杂的社会现象深层次剖析不够，对社会上存在的一些不良现象缺乏理性思考，以致于产生了一些片面的错误认识，严重影响他们对共产主义的信仰、中国特色社会主义的信念和全面建设小康社会的信心。社会实践作为一种教育的途径，使大学生有机会深入社会，全面了解社会、认识国情，从而深刻理解党的路线、方针、政策的正确，认清自己的社会位置，明确自身的时代使命，激发自身的学习热情和主体精神。

最后，社会实践有助于大学生综合能力的培养。在社会实践中，社会上无数典型生动的事例在感染、启发和教育他们，使他们在具体生动的社会实践中自觉地增强了社会责任感和使命感，增强了战胜各种困难和挫折的勇气，锻炼了意志，增强了创造力等主体能力。

高校思想政治教育在组织学生参加社会实践活动的过程中，应注意把握以下几点要求：

（1）社会实践和专业教学相结合。通过实践活动使他们了解专业实际，消化专业知识，增长专业技能，巩固专业思想，并在实际工作中逐步形成良好的工作作风和职业道德。

（2）社会实践和做贡献相结合。既要着力引导学生在社会实践中接受教育、经受锻炼、增长才干，又要注意引导学生发挥他们的专业技能，为社会做贡献。

（3）社会实践与用人单位人才需求相结合。在开展社会实践活动中，应注重与用人单位建立联系，并以此为依托，建立社会实践基地，开拓高校社会实践市场。

（4）社会实践与勤工助学相结合。当前，我国高校贫困生比例较大，为了解决贫困生的困难，学校、社会不仅应给予各种补助，更重要的是要为其提供勤工助学岗位，让其利用课余时间，通过自己的劳动取得报酬，帮助自己顺利完成学业。

此外，有效开展社会实践还要加强引导，激发学生的实践愿望，使学生充分认识到实践活动的意义、目的和要求，从而提高其积极参加实践的自觉性；督促学生严格按照组织活动的要求去行动，及时纠正活动中出现的偏差，使实践活动始终按照既定目标有序运行；及时总结实践经验，使学生从实践效果的反馈中，加深情感体验，巩固已有的认识；引导学生持之以恒，在实践中逐步形成良好的行为习惯。

2. 占领网络思想政治教育阵地，充分利用网络教育优势

数字化时代的来临，信息技术的高速发展为我们搭建了一个全新的交往平台——网络社会。虚拟化的交往方式的网络伦理特性与现实的社会生活伦理基础的两难困境，足以值得我们深思网络社会的交往对人的思想和行为的深远影响。虚拟与现实交错的特性赋予了网络社会独特的吸引力，越来越多的大学生步入这个奇妙的世界。全新的交往方式和沟通手段形成了独特的网络社会，尽管是一种虚拟的数字化存在，但是虚拟社会中的活动主体却是实在的人，因此，与现实社会相比，网络社会好似一个放任自由的"理想国度"，每一个醉心于网络世界的大学生都是迷恋这种便捷自由而少节制约束的虚拟与现实错乱的生活。作为一种新型交往方式和交往领域，所有的一切都应该引起高校思想政治教育理论研究者和工作者的兴趣，更何况网络社会正在日益壮大，一个全新的思想政治教育阵地已悄然出现。因此，我们应该占领网络思想政治教育阵地，充分利用网络教育的优势，开拓创新，开展丰富生动的思想政治教育活动。

（1）在网络时代，大学生处在四面八方的信息包围当中，使得教师的教育影响力减弱，再加上网络信息的快捷性、多元性、全面性等特征，教师以往的信息优势地位也因此丧失。因此，必须把握网络时代思想政治教育的新规律、新特点，积极进行教育内容和手段的创新，提高思想政治教育的信息含量和知识含量，紧密结合学生的需要和特征，增强思想政治教育的趣味性和吸引力。

（2）高校要建立融思想性、学术性、服务性、娱乐性于一体的大学生所喜闻乐见的优秀校园网站和思想政治教育专门网站。思想政治教育的网络化已成为迫在眉睫的大问题，加强校园网的德育功能，建立专门的思想政治教育网站，是积极抢占思想政治教育阵地，是思想政治教育科学化、技术化、时代化的迫切需要，更是大学生健康发展成才的需要。

（3）要建立和完善有关规章制度，规范网络运作，用现实生活中的道德标准来约束学生的网上行为，引导学生自我管理、自我教育和自我服务，加强学生辨识能力与法制意识教育，提高辨识能力和自我控制能力。

3. 利用心理咨询进行思想政治教育

随着社会竞争的日益激烈及其他各种因素的影响，大学生的心理健康问题越来越突出，高校思想政治教育工作者大多已认识到心理素质培养和训练

的重要性，并开始把心理咨询引入到学生的思想政治教育工作中。高校心理咨询是指在高校思想政治教育中运用心理学的专门知识和技术，通过语言、文字等工具，对受教育者的心理、行为施加影响，使其认知、情感、态度发生变化，解决其心理问题，以维护其心理健康。它是提高学生心理素质、解决心理问题、增进心理健康从而提高他们的心理自主能力和社会适应能力的重要手段。心理咨询科学性强、针对性强、渗透性强且形式新颖，与以往的思想政治工作方法相比有其独特之处，与大学生心理特征相吻合，易为大学生所接受。把心理咨询纳入高校思想政治教育工作中，不断创新思想政治教育工作的内容和方式，是提高思想政治教育实效性、针对性的重要途径。

高校心理咨询的平等性、尊重性、交友性、保密性等特点决定了其作为思想政治教育的一种新途径，对思想政治教育具有重要意义。

首先，心理咨询作为一种科学的教育方法对思想政治教育具有重要作用。心理咨询不仅为解决大学生的思想心理行为问题提供了行之有效的科学方法，减少、避免不良行为和心理障碍的发生、发展，为增强思想政治教育的实际效果奠定基础；而且还表现在心理咨询的态度对思想政治教育工作者的影响。心理咨询十分强调对咨询对象的关注、尊重、信任、理解、温暖等，把这种助人态度迁移到日常思想教育中，可以有效地改善教育者与教育对象的关系，使学生产生一种亲近感，增强思想政治教育的实际效果。更为重要的是，心理咨询理论中的科学内容为思想政治工作者深入理解人和人的思想心理行为的实质及根源提供了一种新的视角，新的方法，深刻地影响着思想政治教育工作。

其次，健康、稳定的心理状态，是形成良好的政治素质、道德品质的基础。

任何一种政治思想品质，都是由知、情、信、意、行五个心理成分构成，没有心理成分的充分健康发展，就不可能有良好思想品德的产生；只有人们处在良好的心理状态下，才能顺利地接受思想教育；通过心理咨询发展起来的学生自我认识、自我调整、应付挫折、确立目标、恰当地表现自己等能力，本身就是健全人格的重要内容。

最后，把心理教育与思想政治教育结合起来，这既符合教育规律和学生心理发展规律，又是现代教育的发展趋势。只有建立在符合心理发展规律基础上的思想政治教育才能深入人心，而心理健康教育也只有建立在思想政治教育的大目标上，即在促进人的全面发展、促进人的科学世界观、人生观确立的基础上，才能真正成为人格完善的手段、途径和方法。

心理咨询作为思想政治教育有效途径之一，要求我们做到：思想政治教育工作者必须掌握相关的心理学知识，熟练、灵活运用心理咨询的各种方法；

要坚持保密性、平等性等原则，尊重学生、维护学生的权利；高校要建立心理健康教育的专职队伍，同时为心理咨询工作提供必要的经费和物质条件，如咨询室，相应的配套设施等。

（三）开发思想政治教育新载体

1. 发挥高校图书馆的思想政治教育功能

在大学生的学习活动中，图书馆具有重要的地位和作用。图书馆以其用之不竭的文献资料、足够的开馆时间、良好的秩序、优质的服务等等这些校内其他学习甚至生活场所不能比拟的优势对学生有着极大的吸引力。学生除了在教室接受系统教育外，更多的时间是要利用图书馆藏书，到阅览室进行自习，在书海中吸取知识养料，增长智慧，提高文化水平和研究能力。但是，图书馆不仅仅只是为教育和科研服务的学术机构，图书馆的思想政治教育职能也是非常重要、不可或缺的。因此，作为学生既相对集中又层次交织的经常性活动场所，就必然地要成为校园文化建设的中心，大学生全面素质培养的基地。

高校图书馆作为社会主义精神文明建设的重要阵地，是对大学生进行思想政治教育的大课堂，我们应该充分发挥其思想政治教育职能。图书馆的思想政治教育功能主要体现在：通过主动地向学生提供一些精神食粮，经过学生的长期阅读，以优秀的书籍为良师益友自觉或不自觉地接受潜移默化的影响，从而树立爱祖国、爱人民、爱劳动、爱科学、爱社会主义的思想，具有对社会现象和个人行为进行比较、分析、综合、抽象、概括的能力，具有判断是非、善恶、美丑的能力，掌握科学的思维方法，进而正确地看待社会问题和人生问题，逐渐形成正确的人生观、世界观、价值观，树立崇高的理想和诚实正直的人格与情操。

发挥图书馆的思想政治教育功能，我们应做好以下几方面的工作：

（1）加强正面引导工作。正面引导是一种形成舆论氛围的好方法，它能根据所宣传的内容、观点，使学生在认识上产生共鸣，使他们的思想、观点和情绪向好的方向发展。为此，我们可以针对大学生中的思想热点和社会热点，有计划、有目的的组织专题研讨会，邀请有关专家、学者做专题报告；还可以及时采集有关资料，组织专题剪报，宣传党的改革开放政策，对学生进行道德法制及国情教育，使图书馆真正成为宣传重要思想及党的各项方针政策，宣传社会主义祖国灿烂文化和新貌的阵地。

（2）开展导读工作。导读工作是图书馆与读者之间建立联系的重要环节，它是一种以传播知识为手段，以育人为目的的读者教育活动。阅读是学生自己选择的活动，具有较强的主动性。为了保证学生在阅读中受到良好的思想政治教育，我们应该编制阅读书目，引导学生多读优秀书刊；还可以根据学生关注的热点问题办馆报、开辟专栏、开展作品分析，介绍优秀作品，评议不良阅读倾向等帮助学生利用图书馆正确阅读。

（3）配合学校"两课"教育，做好阅读辅导。目前全国所有的高校都开设了政治理论课程，高校图书馆要配合学校课堂教育做好阅读辅导，购买大量与课堂教学相配套的辅导阅读材料，包括人物传记、政治理论类书籍、电子图书等，还必须购买大量思想性强、适应时代发展需要的参考阅读资料及相关文献。

（4）提高馆员素质。图书馆的工作纪律、谦逊礼貌的服务、条理分明的规章制度等都要通过馆员来体现，馆员的敬业精神和业务素质，直接关系到图书馆服务质量与图书馆功能的发挥。馆员要掌握本馆的藏书体系和特色，熟悉馆藏目录与图书排列，经常浏览图书，日常工作中做到心中有数，能"广、快、精、准"地向读者提供和推荐书刊。

2.学生社团建设是高校思想政治教育的重要载体

新一轮的教育体制改革，学分制的普遍实行，使原来意义上的班级淡化，社团这一新兴的学生组织对大学生的影响越来越大。学生社团是校园非正式群体，它是学生在学习、生活中因共同志趣爱好自发组织起来的相对独立地开展活动的群众性团体，是学生自我教育、自我管理、自我服务的有效形式，自愿性、自主性和开放性是其主要特征。

学生社团是学生自愿组织的群众性团体，是学生志同道合的组织，是学生创新精神和实践能力培养和锻炼的重要阵地，理应成为思想政治教育工作的重要载体。加入学生社团有利于培养学生的主体意识，调动主体成员管理的积极性，激发自我教育的欲望；有利于有效发挥学生自律作用，为学生之间相互学习提供机会，培养学生多方面的兴趣，发展他们的特长，弥补课堂不足，提高学生的素养和能力；可以大大丰富学生的业余生活，将学生的兴趣、爱好引导到正确的轨道。此外，由于社团活动层面多样、内容广泛、形式新颖、结构灵活，参与者的选择性强、自主性高，学生乐于参加和容易接受，自主意识容易得到开发和运用。学生社团以其群众性、民主性、多样性、科技性、社会性、规范性和时代性等特点，吸引了广大学生积极参与。据调查，大学生中参加社团组织的人数占到80%以上。因此，积极进行学生社团建设，对于促进学校文化建设、提高学生思想政治素质有重要作用。

此外，在社团活动中，大学生的思想活跃、表露真实，使学生社团活动成为高校了解大学生思想状况的重要且真实的窗口，这有利于高校真实准确地把握大学生的思想动态和脉搏,调整工作思路,深入细致地做好思想政治工作,使工作更贴近学生实际,更好地提高思想政治工作的针对性和实效性。而且,通过社团活动,学生将学到的理论知识运用于生活、学习实践,有利于思想政治教育的内化和外化,提高思想政治教育的有效性。学生社团的积极正确发展,成为思想政治教育很好的辅助手段。

加强学生社团的建设发展,我们应做到:

(1)加强指导,保证方向,充分发挥指导教师在学生社团发展中的作用。社团是学生的自治组织,但不能因为自治而忽略在政治方向上的引导。高校要加强引导,在活动中坚持用科学的理论武装人,用正确的舆论引导人,用崇高的精神塑造人,用健康的活动鼓舞人,将思想政治教育贯穿学生社团活动的始终。同时,社团活动要紧密结合学生的学习、生活实际,做到内容充实生动,形式活泼多样,使学生感受到社团活动有意义,有吸引力,乐于参加,真正把学生社团建设成为学生培养兴趣、发展能力的重要场所。

(2)规范管理,完善学生社团自身建设。学校社团主管部门应加强对社团活动的监督指导,注重社团之间的协调和合作,宏观调控社团活动的开展;必须要求学生社团制定本社团的章程和管理制度,明确社团活动的宗旨,增强社团成员的集体观念和组织纪律性,促进社团活动的规范化,做到有章可循,有规可依;建立科学合理的社团干部选拔任用制度,加强学生社团骨干的选拔和培训,通过社团骨干良好的思想政治素质,影响、教育更多社团成员。

(3)为学生社团提供经费和场地支持。学生社团的生命在于活动。目前,学生活动经费短缺是较普遍的现象,一个很好的提议和活动计划,往往由于经费问题而难以开展。学校应重视、支持学生社团建设,根据社团性质,适当拨给一定的经费,为开展活动提供必要的经费、场地、设施等物质条件,积极为社团解决遇到的实际问题。同时,要加大对理论类社团的扶持和志愿实践类社团的支持。

(4)深化实践,推崇创新,提升学生社团活动的层次。实践活动是对大学生进行思想政治教育的一个有效途径。传统教育的主要弊端是重课堂传授,轻课外活动;重理论灌输,轻社会实践。学生社团使学生的实践活动大为增加,要进一步深化学生社团的实践环节,就要使实践性较强的社团走出校园,深入农村、厂矿、社区,认识社会,了解社会,服务社会,在实践中提高思想政治觉悟。

3.学生公寓文化建设是高校思想政治教育的生动载体

宿舍是大学生生活的基本单位和重要场所,集学习、娱乐、思想交流、社会交往和休息等功能于一体。学生在校期间,约有一半以上的时间是在公寓中度过的。对人生、社会问题的探求，思想火花的碰撞，信息、感受的交流，日常生活、人际交往以及各式各样的娱乐活动，构成了大学生丰富多彩的公寓生活；价值观、人生观、爱情观、伦理道德观的形成，集体荣誉感、同窗友谊以及兴趣、爱好的建立和培养，社交能力的锻炼和提高也无不在这里淋漓尽致地表现出来。宿舍文明程度、格调的高低，对宿舍成员有很大的影响。当宿舍成员之间能形成这样的一种氛围，即在失败时能得到鼓励、成功时能得到肯定、痛苦时能得到安慰、困难时能得到帮助，宿舍成员一定能从中得到道德的升华，个性得到全面、充分、和谐的发展。总之，学生公寓是学生活动的主要场所，是学生思想集中、真实表现的场所，是学生互动影响最大的场所。高校应加强宿舍的硬件建设，完善宿舍管理体制，重视在宿舍文化中渗透思想政治教育。

高校在学生公寓管理中渗透思想政治教育可以从以下几点着手：制定和完善一套完整的规章制度，规范学生行为，维护公寓稳定，使他们逐步养成良好的行为和生活习惯，促进公寓区内学生自律和他律的有效结合；积极推行"公寓导师"制度，辅导员工作进公寓、党团建设进公寓、社团建设进公寓等思想政治工作进公寓的有效途径和方式的制度；建立以公寓文化为核心的"文明公寓""文明宿舍"的评选和表彰制度；重视、加强物质、文化基础设施建设，加大经费投入，在公寓内建立学生公共阅览室、活动室、电视室、计算机房等，把学生公寓真正办成大学生之家。在加强思想政治教育工作进学生公寓的同时，还应注意发挥学生自身的积极主动性，为他们提供锻炼机会，使他们做到自我管理、自我教育、自我服务。

（四）做好特殊群体的思想政治教育工作

加强和改进大学生思想政治教育，构建主体性思想政治教育模式，要求我们必须从当前大学生思想中出现的新变化、新特点出发，全面了解学生思想政治状况，以创新的精神，多层次做好不同学生的思想政治教育工作，更多地关注、关心学生中的"特殊群体"及其特殊需要，同时给予他们更多的关怀与帮助，充分调动他们的积极性和主动性。

群体是指在共同目标和行为规范下协同活动，具有某种共同社会心理特征的人的共同体。笔者所探讨的高校中的"特殊群体"，主要是指那些在经济上较贫困、在学习上较落后、在日常生活中较散漫、在生理和心理上存在一定缺陷从而呈现出某种不良共同心理特征的非正式群体。伴随着经济和社会的发展，特别是涉及大学生切身利益的招生制度改革、后勤服务社会化改革等，使大学生面临的社会环境、家庭环境和自身成长过程中遇到的问题更加复杂多样，学习压力、经济压力、就业压力、情感压力等普遍加大。然而，由于他们的心理发展尚未完全成熟，不能很好地处理这些问题，所以，由此引发的心理问题日益增多。这是"特殊群体"形成的主要原因。

大学生特殊群体，相对而言是高校的弱势群体，具有某些相近的心理和个性倾向，表现为多疑、敏感、自卑，因而性格孤僻，思想保守，对事物的认识偏激，对集体活动不感兴趣，孤芳自赏等。他们承受压力和挫折的能力差，看似平常的小事也极易造成他们的思想包袱和波动，一些学生还会产生不同程度的心理障碍，个别学生甚至会出现自杀倾向。然而，这部分学生的总和在整个大学生当中所占比例相当大。弘扬、加强高校主体性思想政治教育就要重视这一"特殊"群体主体，关注、了解他们的需求，就要充分调动这一部分学生的积极主动性，在解决他们特殊矛盾的基础上，促进所有学生自由全面发展。

当代大学生面对的问题主要有经济上的压力，学习上的压力，感情上的压力。基于此，我认为高校的特殊群体主要有以下三种：一是高校贫困生群体。随着高等教育改革的不断深入，从单纯由国家投入到学生承担部分学费再到完全自费上学，学生及家长的经济压力越来越大。来自相对贫困地区的学生，难以承受学费以及日常生活所需费用。同时，随着高校后勤社会化改革的深入，新建的学生公寓多为中高档公寓，对于大多数贫困生而言，他们只能入住一些陈旧而简陋的学生宿舍，囊中羞涩，靠勤工助学维持生计，与住在高档公寓、穿着时髦、拥有电脑和手机的"富裕生"形成鲜明对比，这些都给贫困生带来强烈的心理反差，容易出现无奈、自卑、封闭、冒险、失望等心理问题。二是学业严重受挫群体。由于高校的扩招，学生入学时成绩参差不齐，差距较大。究其原因，有的是基础太差，虽然主观上很努力，但考试却往往不及格；或是不能适应大学的教育方式，主观上愿意学习，但方法不当，效果不佳，挫折心理表现强烈；有的是入学时基础较好，但不喜欢所学专业、不喜欢所学课程、不喜欢任课老师，提不起兴趣学习，甚至产生厌学心理，从而使学业严重受挫；还有的是基础差，主观上又不愿意学习，或是对领导和老师的要求和管理方式产生逆反心理，学习消极被动，使学业严重受挫。三是恋爱严重受挫群体。目前，大学校园恋爱现象较为普遍，有的把恋爱当作情感体验，以满足精神享受；有的把恋爱当作消遣活动，填补空虚。他们往往只重过程，轻视结果，传统道德观念淡化，缺乏责任心，失恋态度较为宽容，但承受能力较弱。特别是感情专一，倾心投入的大学生一旦失恋，就会精神崩溃，痛不欲生，甚至萌发报复、自杀等念头，导致过激行为。

如何才能做好他们的思想政治教育工作，我们认为可以从以下三个方面着手。

1. 摸清、了解学生的基本情况，这是做好高校思想政治教育工作的基础条件

一切从实际出发，实事求是是我们党的思想路线，也是我们思想政治教育的工作方针。新生入学后，思想政治工作者的一项重要任务就是做好"特殊群体"的初步摸底工作。主要通过查阅新生档案，观察新生的生活和学习情况，以及学生交纳学杂费的支付能力情况等途径，来了解和掌握新生包括心理生理状况及思想动态等方面在内的基本情况，并依此建立"特殊群体"档案，从而掌握新生中"特殊群体"的初步数据，把这些学生确定为实施思想政治教育工作的重点对象。如果对特殊群体的基本情况一无所知，谈何对症下药，更不用说进行深入的思想政治教育工作了。

随着学习的深入和时间的推移，已初步确定的"特殊群体"会有动态变化。最初被认为可能成为"特殊"的学生，实际没有出现"特殊"情况，或者原来属于"特殊"的学生，后来由于各方帮助变不"特殊"了，而原来没有"特殊"迹象的同学，也有可能由于种种原因出现"特殊"情况，因此对"特殊群体"的教育和管理工作也应该是动态的，及时把握教育过程中出现的新问题，适时地实施重点教育，给予关怀和帮助。这里有一个应该强调的问题，就是确定"特殊群体"的目的是通过行之有效的手段，使"特殊"的同学不再"特殊"，使他们和其他同学一样积极、健康的成长。只有明确了这一点，实施"特殊群体"教育时才会得心应手。而这一切工作的开展，都应当也只能建立在对学生情况了解的基础上。

2. 从特殊性出发，探索工作途径

在摸清底数、掌握具体情况的基础上，应根据"特殊群体"对象的不同情况，分别拟订出不同的工作目标和工作思路，按照目标要求实施具体的教育手段和措施。

其一，教育者思想观念上要树立正确的意识：差别是正常的，关键在培养教育。培养教育不是立竿见影的，教育过程是曲曲折折的，这就要求思想教育工作者要坚持"以人为本""以学生的成长和发展为本"的原则，要有决心，又要有耐心，力求做到不漏掉一名学生，不放过任何机会，要有咬定青山不放松的坚忍不拔的精神，积极探索工作方法。

其二，要对"特殊群体"给予热心、诚挚的关怀和帮助，让这一群体感受到亲人般的关爱，使他们信任和接受教育者，从而向教育者打开心门，敞开心扉。当他们经济上有困难、思想上有困惑的时候，能主动去找老师，把

内心的苦恼和心里话告诉老师，以求得帮助与解决，这样老师就能够把握这些"特殊群体"的心理，分析他们的状况及产生思想问题的根源，切实地根据学生实际需要实施教育和影响。

其三，要深入了解这一"特殊群体"的思想及心理动态，抓住"特殊群体"的根本，不要被一些表象所迷惑，忽视其实质。以贫困生为例，对学校而言，接受、培养好这些贫困大学生是一种责任，更是一种义务，除了通过奖、助等形式对贫困生提供物质上的帮助，解决他们的经济问题，更重要的是要多关心、关注贫困生的心理需求，从思想观念上解决问题。通过各种形式和内容的活动培养他们的独立、乐观、向上和艰苦奋斗的精神，培养他们面对困境勇往直前的良好心理品质，克服他们消极、悲观、攀比、敌视、厌世的思想和心理，让他们明白经济和物质上的贫困并不可怕，可怕的是思想观念上的贫困，鼓励他们战胜不良心态，特别是思想观念。所以对"特困生"的帮助更多的应是思想观念上的帮助，关心这些学生的心理及思想变化，保证他们的思想轨迹始终沿着正常轨道向前发展、不脱轨。对于其他如学习较差、生理心理有缺陷的"特殊群体"，同样也应多加观察，善于分析，跟踪记录，及时发现问题，辨明情况，对症下药，及时解决，定出目标，提出要求，帮助与教育相结合，具体落实。

3. 营造良好的环境，确保教育效果

良好的育人环境，对于"特殊群体"的教育非常重要。它要求师生要有良好的品德，不歧视与另眼看待这一"特殊群体"，在日常生活中重视和关心这方面的工作，对他们伸出友爱、援助、关怀之手，给他们创造一个良好温馨的学习生活空间。为此，我们要加强广大学生平等、团结、友爱教育，树立大家庭观念；对"特殊群体"要多关心多帮助，在日常学习生活特别是在开展各项活动中，不要孤立他们，相反要多动员他们积极参与，用实际行动去温暖他们的心灵，用真挚的情感去融化他们的自卑，使他们真正融入到班级同学中，融入到友善温暖的集体大家庭中来，使他们感到生活在这样的集体是一种荣誉和幸福。因此，在对"特殊群体"进行思想政治教育的同时，加强广大学生思想政治工作也是至关重要的。只有通过教育其他同学，创造一个良好的育人环境，才能更好地对"特殊群体"有效地进行针对性教育，帮助他们走出生活、学习等方面的困境，树立自信心，激发出自强拼搏、积极向上的进取精神。

总之，随着世界政治经济文化的不断发展、高等教育大众化，高校学生人数日益增多，学生的思想状况呈现越来越复杂的趋势，学生中"特殊群体"的比例也逐步上升。因此，加强主体性思想政治教育一定要做好大学生"特殊群体"这一主体的思想政治教育工作，牢牢把握"特殊群体"的特殊性，从他们的实际出发，为他们的顺利发展创造条件，培育他们的主体性。

（五）建立良好的保障体系

理想模式的贯彻和执行能不能起最大作用，是否具有实效性而不流于形式，保障体系是否完备有效是其主要影响因素之一。高校主体性思想政治教育模式的保障体系主要包括队伍保障、制度保障和物质保障三方面。建立良好的保障体系能更好地推动主体性思想政治教育各项活动的顺利开展和实施。

1. 人才保障

在实施主体性思想政治教育中，必须要有一支懂得主体性思想政治教育理论的师资队伍。没有先进的理论指导，就不可能有良好的实践。没有高素质的思想政治教育工作队伍，就不能开展有效的思想政治教育活动。所以，实施有效的主体性思想政治教育，必须要有强有力的思想政治教育队伍作保障。

首先，思想政治教育队伍数量上要有保障。一方面，随着高等教育的改革，高等教育由精英型向大众型转化，在校大学生数量迅速增长；另一方面，当前我国改革开放进一步深化，信息化、全球化扑面而来，这些不仅为大学生思想政治教育带来发展的机遇，更带来了严峻的挑战，加强和改进大学生思想政治教育，要求必须有充分的师资力量。大学生思想政治教育工作队伍主体是学校党政干部和共青团干部，思想政治理论课和哲学社会科学课教师，辅导员和班主任。主体性思想政治教育要求必须有足够的思想政治教育者才可以深入每个学生的实际，了解每个学生的需求，发挥每个学生的积极主动性，提高思想政治教育的针对性和实效性。

其次，思想政治教育队伍素质上要有保障。提高思想政治教育者的素质，是加强思想政治教育者队伍建设的核心，也是增强思想政治教育有效性的关键。思想政治教育者的素质，是思想政治教育者的"本质力量"。思想政治教育者的素质如何，直接决定着思想政治教育者能否确立以及在多大程度上确立思想政治教育中教育者与教育对象之间教育与接受教育的关系，决定着思想政治教育者能否以及在何种程度上将思想政治教育对象作为自己活动的真正对象予以认识和引导，能否以及在何种程度上理解、把握、传递思想政治教育内容，能否以及在何种程度上将整个思想政治教育的客观进程作为自己认识与作用的对象予以定向、调控和推进。总之，具备相应的素质，是思想政治教育者有效进行思想政治教育的前提条件。

对于在当前形势下思想政治教育的有效开展所要求的思想政治教育者应具备的素质可以概括为"政治强、业务精、作风正"。

政治强，是对思想政治教育者政治素质的要求。思想政治教育者必须具有坚定正确的政治方向，有坚定的社会主义信念和远大的共产主义理想。只有这样，才能化解各种复杂的局面和矛盾，坚持用唯物史观的基本观点，分清事物的主流和支流，把握事物的本质，培养出政治觉悟高、信念坚定的社会主义合格建设者和可靠接班人。

业务精，是对思想政治教育者所应具备业务素质的要求。思想政治教育者的业务素质包括理论素质与能力素质两个方面。"思想政治教育者的理论素质即教育者为有效开展思想政治教育活动所应具有的相应理论准备。"这种理论准备包括思想政治教育活动的实际组织、实施理论和与思想政治教育内容相关的理论。思想政治教育者的能力素质是教育者将自己的理论成功地运用于实际并顺利开展思想政治教育活动所具备的能力条件，是教育者从事思想政治教育所具备的实践能力的总括。

作风正，是对思想政治教育者所应具备人格素质的要求。思想政治教育与其说是以先进思想政治理论来塑造人的活动，还不如说是先进思想政治理论通过高尚的人格来塑造人的活动。高尚的人格，是贴近直观地表现先进思想政治理论的基本载体。所以，思想政治教育工作者一定要言行一致，以身作则，行为示范。

2. 制度保障

教师是主体性思想政治教育的具体实践者，制度是理论的具体化和规范化。当前，我国正处于社会主义市场经济体制逐步建立和完善的重要时期。从一定意义上说，社会主义市场经济是法制经济，与此相适应的思想政治教育工作，也必须逐步建立一整套法规、制度来约束。制度建设是思想政治教育的一项基础性工程，思想政治教育活动的顺利进行必须按一定的规范、制度去运行，制度保障是思想政治教育工作得以高效运行的基础。党中央通过的关于思想政治教育工作的决议、条例，思想政治教育职能部门颁布的职业道德和行为准则，国家制定的法律法规都为确立思想政治教育制度提供了依据。思想政治教育制度的制定，要坚持便于掌握、便于操作的原则，真正提高思想政治教育制度化、规范化水平。

首先，要完善大学生思想政治教育工作队伍的选拔、培养和管理机制。要加强大学生思想政治教育，就必须实施大学生思想政治教育队伍人才培养工程，建立思想政治教育人才培养基地，培养思想政治教育工作专门人才。学校要加大思想政治教育队伍建设，就必须不断选拔思想政治教育人才充实到队伍，始终保持队伍的活力；同时还要加强这些人员的培养和管理。怎样才能将德才兼备的优秀人员选拔到思想政治教育队伍中来，怎样才能使他们发挥更加积极有效的作用，这就需要制定相应的规章制度作保证。为此，学校应建立思想政治教育工作队伍的选拔机制和用人标准，管理规定和行为准则等等。

其次，要建立和完善大学生思想政治教育专职队伍的激励和保障机制。一方面，完善思想政治教育队伍的专业职务系列，要从思想政治教育专职队伍的实际出发，解决好他们的教师职务聘任问题，鼓励支持他们安心本职工作，成为思想政治教育方面的专家；要采取有力措施，着力建设一支高水平的辅导员、班主任队伍，学校要从政治上、工作上、生活上关心他们，在政策和待遇方面给予适当倾斜。另一方面，通过建立相应的规章制度，使教师的"育人"工作保持连贯性。把教师是否做到既"教书"又"育人"纳入教学质量的评价范畴；把教师进行思想政治教育的实际效果与本人的职称评定、年度考核、各种评优挂钩，建立奖罚分明的制度。有些学校已经把班主任的聘用纳入学校全员聘任制的体系中了，这对提高教师参与思想政治教育工作的积极主动性，更好地发挥他们的主导作用无疑是十分有益的。建立完善的激励和保障机制，用制度作保障，充分调动教育者的积极性，发挥他们的才智和潜力，不断探寻思想政治工作新途径和新方法，做到人尽其才，才尽其用。

3. 物质保障

思想政治教育虽然是软件建设，但如果没有硬件的投入和支撑就不可能搞好。物质保障是思想政治教育保障体系中的重要组成部分，是思想政治教育活动必不可少的基本条件。具体而言，为发挥学生的主体性，需要拓展思想政治教育的新途径，改进思想政治教育的方式和方法，而这一切都需要一定的经费投入和必要的物质保证。比如，加强校园文化建设就要加大校园物质环境和文化环境的投入；鼓励学生参加校园文化活动和社会实践就要为其提供必要的经费及活动场地；拓展以图书馆、学生宿舍等为教育载体，就必须建设好有利于学生学习和生活的图书馆、学生宿舍等；用先进技术改进思想政治教育的形式和方法，就要用现代化的多媒体网络设施为其提供便利的条件等等。

"建设精神文明要有物质保障。没有必要的物质保障，精神文明建设的许多任务就难以落实。"所以，高校应加大在思想政治教育物质投入方面的力度，将思想政治教育工作的日常活动经费，列入年度财政预算，保证思想政治教育物质条件的有效供给。

第五章 大学生隐性思想政治教育概述

第一节 隐性思想政治教育的内涵

一、隐性思想政治教育的界定

近年来，学术界对于隐性思想政治教育一直关心和关注，但在最基本的隐性思想政治教育的概念理解上仍有相当大的差异。总的来说，学者们的争论主要在于出发角度的不同而引申出的不同概念，我们可以从多个方面去理解：第一，学者倪先敏从资源论的角度指出，对比显性思想政治教育形式，隐性教育资源不直接指向人，而是隐藏在学习环境，生活环境等更加多样化的形式中，比如：文明的校园环境、先进的实验室、安静的图书馆、教师的示范等等，其资源广泛存在于我们的日常生活中。受这一观点影响，部分学者认为隐性教育资源的广泛存在使得其能为教育者所充分利用，使受教者在潜移默化中接受影响。第二，从方法论视角着手，有学者认为，"显性教育与隐性教育，是围绕同一目的采取的不同的思想政治教育方法。"隐式或显式是相对的，只是两种方式的思想政治教育。例如刘晓芳在《大学生隐性思想政治教育研究》中指出，"高校的隐性思想政治教育，就是在实施过程中，对大学生的教育意图，隐藏在生活环境和活动的具体形式中，使青年大学生在不知不觉中接受教育内容，以实现思想政治宣传的终极目标。"第三，从课程论出发的学者认为，高校隐性德育课程，指的是思想政治理论课教学外，不包括在高等学校德育管理体系的过程内。比如：教育者有目的、有计划地开展的各种活动，学校的各种规章制度，校园文化等，这些通过受教者自主地、愉悦地获得情感体验的资源都可以成为高校的隐性思想政治教育课程。第四，从实践论视角出发的学者认为，隐性思想政治教育是一种特殊存在。隐性的思想政治教育是引导大学生在学校教育性环境中，巧妙获得有益于个人身心的全面发展和人格的健康的活动。教育者在教育内容中潜隐性的设计教育目的，通过管理制度、校园建筑、自然环境、人文环境、师生关系等因素时刻的影响受教者。第五，从教学论视角出发，吴育林所著的《论思想政治理论课的隐性教学》一书中提到，隐性思想政治教育是指在教育目的、教学主体、学习场所等因素都不确定的情境下，受教者在一定的物质、精神和制度环境中，认知、情感受到无意识地建构的一种过程。

总之，不同的研究视角关于隐性思想政治教育的概念表述是不一样的。但我们能够通过一些共性的表达归纳出其内涵：隐性思想政治教育是教育者为了达成良好教育效果，在把握受教育者认知、情感和实践的基础上，运用潜隐的、渗透的教育手段，将教育内容以一种为人"喜闻乐见"的形式渗透在日常生活中，淡化传统的灌输和强制图像，使人们在无意识中接受思想政治教育的内容，并最终达到思想政治教育效果的方法。这一概念可以从四个方面理解：（1）潜隐性。隐性思想政治教育是一种受教育者不易察觉的无意识教育，这也是其与显性思想政治教育的根本区别所在。（2）渗透性。隐性思想政治教育是一种多层次、全方位的教育，渗透在人们的日常生活中。（3）自主性。隐性思想政治教育是一种以受教育者为主体的自主性教育。（4）跨时空性。隐性思想政治教育是一种跨越时间、空间限制的非封闭性的教育。

二、高校隐性思想政治教育界定

高校隐性思想政治教育这一概念是"隐性教育"思想的"中国化"，它是相对传统的显性的灌输的教育形式而言，是相关的研究者和工作者巧妙地将教育目的、内容等潜隐的渗透在高校物质建设、氛围营造、规章制度管理、校园日常活动等资源载体中，形成一种无时无刻不影响大学生的"隐性育人"氛围。这一过程是思想政治教育工作者经过载体的细心选择、环境的精心建构、氛围的悉心塑造等环节最终完成的，不是任其自然，更不是恣意妄为，而是有意识组织起来的、可控制的活动。因此，高校隐性思想政治教育可定义为：思想政治教育者在明确思想政治教育目的和任务基础上，针对当代大学生思想变化的新特点，主动地在多层面开发资源，通过潜隐的、渗透的方式对高校大学生的思想认知、情感体验和行为实践进行广泛而深入影响的一种新型教育模式。

相对于显性教育的内容明显，隐性教育一直在"潜隐中"。隐性思想政治教育创造教育环境，把教育内容内隐于人们的日常工作、学习与生活之中，靠人们在无意中受到的理论认知、情感体验和行为实践来达到教育目的，取得"润物细无声"的效果。这使得隐性思想政治教育可以充分利用人们日常生活中的存在，并结合多种载体，开展思想政治教育的新纪元，日常的形式具有多样性的优势，便利和乐趣，不受时间和空间的限制，在人们心中悄悄地慢慢地积累起来自身的思想和行为。高校隐性思想政治教育内在也必然蕴含隐性教育的这些特点，而也因其自身教育对象、教育环境、教育效果等的特殊性，赋予了上述特点不同内涵：

（一）高校隐性思想政治教育具有隐蔽性

"隐蔽"的意思是借助别的东西遮盖掩藏，依附、渗透于他物的必然是隐蔽的。在我国传统的高校思想政治教育中占主导地位的是积极的强制性的灌输的教育方式，教育目的、教育内容、教育过程等一目了然，以期达到立竿见影的效果。随着隐性思想政治教育的发展，教育目的、教育内容、教育过程不再是直接接触大学生群体，而是注意以形式的"随风潜入夜"，如通过大学校园的物质环境建设、精神环境培育、校园氛围塑造等，从而达到"润物细无声"的效果。但值得我们注意的是，隐蔽性并不是说把思想政治教育活动隐蔽得完全不存在，教育者自身要明确教育目的、主动担任教育重担，只有这样才能使高校大学生切实感受到思想政治教育的存在，否则高校隐性思想政治教育就丧失了其内在价值。

（二）高校隐性思想政治教育具有渗透性

"渗透"在汉语词典中意指渗入、透过，比喻某种事物或势力逐渐进入其他方面。它内涵的包括两方面内容：其一，形式上的"寓它性"。在高校中占主导地位的传统思想政治教育模式，不依赖于任何其他形式，这本身是一个独立的实体，而隐性思想政治教育的隐蔽性决定了它是借助于它物的存在，它不开展实质性的思想政治教育方式，而是将思想政治教育的内容转化为实践。其二，内容上的"融合性"。也就是说，高校隐性思想政治教育的开展大多是通过各种载体，如校园环境的建设、校风学风的培育、校园管理制度、大学生课余活动等，将教育内容巧妙地融合在这些载体之中，当然，这一"融合"过程就要求高校思想政治教育研究者的精心设计和思想政治教育者的悉心建构。高校隐性思想政治教育在形式上和内容上的"渗透性"表明其是通过"绳锯木断"的积累，渐进的、长远的、全面的对高校大学生进行认知改变和行为塑造。

（三）高校隐性思想政治教育具有自主性

"自主"指的是自己，不受别人支配，强调自主性是根据自己的动机、能力或特性行动的行为主体。毛泽东强调指出："自觉的能动性，是人之所以区别于物的特点"。高校传统的思想政治教育主要是通过思想政治理论课展开目的明确的、计划详尽的教学活动和社会实践，大学生没有选择的空间，必须在相应学期内上完规定课时，通过考试，拿到对应的学分。但高校隐性思想政治教育，是"自我教育"，这是教育过程中教与学地位的改变，大学生接受知识也不是被动的，而是在正确的指引下，在良好的教育环境中，在丰富多样的活动中进行自主性地认知、感悟、提升，这种非强制性有效地避免了青年大学生潜在的对抗和逆反心理。高校隐性思想政治教育的自主性实现了教育方式的重大变革，传统的"教"与"被教"角色开始淡化，大学生从被动接受、消极抵触逐渐转向自主选择、主动参与的过程。

（四）高校隐性思想政治教育具有跨时空性

跨时空性，指的是其开展不受时间、地点限制，在大学校园内无时不在、无处不有。传统的思想政治教育主要是通过正规课程，限定地点，指定教师等来开展。高校隐性思想政治教育是受教育者通过其情感体验、实践观察获得认知的过程，它打破了传统的固定时间空间、强制灌输教育模式的限制，校园内的物质资源、精神环境、制度规范和社团活动等都能够使大学生在不知不觉中受到教育，随时随地存在于高校大学生的生活中。

第二节 隐性思想政治教育课程研究的意义与方法

一、隐性思想政治教育课程研究的意义

学校思想政治教育课程根据其实施的方式和对教育对象作用机制的不同特征，可以分为显性思想政治教育课程和隐性思想政治教育课程。重视思想政治教育中的隐性教育，不仅是思想政治教育观念与方法革新的表现，也涉及思想政治教育运行机制的进一步完善。促进隐性思想政治教育课程建设，使学校思想政治教育更具科学性、系统性和实效性，这对于增强高校思想政治教育效能，全面提高学生的思想道德素养，从而实现培养适应新世纪社会和谐发展的道德主体的思想政治教育目标具有十分重要的意义。

（一）研究隐性思想政治教育课程的理论价值

第一，丰富了思想政治教育课程体系。在现代课程论的视野中，课程是建立在"经验"课程本质观基础的，以学生在学校接受的全部教育性经验作为课程研究范围的"大课程观"。在此认识基点上，可以说思想政治教育是通过课程来进行和完成的。根据其实施的方式和对教育对象作用机制的不同

特征，思想政治教育课程可以分为显性思想政治教育课程和隐性思想政治教育课程。目前，我国思想政治教育课程研究大多只重视、停留在显性思想政治教育课程层面。我们虽然不能夸大其词地认为隐性思想政治教育课程比显性思想政治教育课程来得更加有力，甚至否定显性思想政治教育课程的作用，但隐性思想政治教育课程确实是一个与显性思想政治教育课程相互联系又相对独立的领域，是我们从前的理论研究曾经忽视或不够重视的一个薄弱环节和重要领域。确立它在思想政治教育课程体系中的地位，我们将得到一片需要耕耘和播种的广阔土地，也将打开一扇从新的视角观察大学生思想政治教育的窗口。因此，研究隐性思想政治教育课程，可以促进思想政治教育课程体系建设，使思想政治教育课程更加完整、丰富、科学和系统。

第二，隐性思想政治教育课程的作用机制体现了道德品质发展规律的内在要求。品德是由道德认识、道德情感、道德意志、道德行为等心理要素协调均衡发展而形成的思想道德品质。道德认识是品德形成的认知基础。显性思想政治教育课程中传授的道德知识，必须通过隐性思想政治教育课程才能内化为学生的道德信念。而且，品德形成并不仅仅取决于道德知识的多少，道德情感对一个人的道德认识和道德行为具有强大的激发和推动力量。道德情感是道德认识的激发力量和驱动力量，它促使个体积极主动地接受某种道德教育，努力掌握有关的道德知识，并有力地推动道德知识转化为道德意志和道德行为。道德情感对道德行为还具有调控作用。在社会生活中，道德情感作为一种表达信号，使个体自身的态度、思想等影响和感染他人，也可以对他人的道德情感在知觉的基础上形成判断推理，进而决定个体的道德行为。隐性思想政治教育课程正是对学生道德情感的教育干预因素。理论研究表明，情感的重要特征之一是"情境性"，任何人的情感总是在一定的情景中产生的。隐性思想政治教育课程恰好提供了现实的情景让学生体验感悟，从而帮助学生形成良好的道德情感。通过非智力因素的优化培育，促进学生的知行转化和良好品质的形成，显然体现了隐性思想政治教育课程更能遵循人们的思想品德形成发展规律。

第三，促进了理论与实际的结合。思想政治教育是一门应用性极强的学科，其理论生命力就在于解决现实社会中的道德问题，促进人的道德品质的发展。虽然思想政治教育以人的道德品质形成发展规律为研究对象，以促进人的道德品质发展为其根本要义，但思想政治教育的研究决不能只停留在理论层面上，思想政治教育的实践工作更不能陷于形而上学的境地，变成一味空洞的理论说教。那样势必会造成思想政治教育与实践相脱节，与现实生活相脱离。隐性思想政治教育课程从立意上就要求理论与实际相结合，避免让思想政治教育成为纸上谈兵。隐性思想政治教育课程属于非学术性的课程范畴，它不是直接的道德教学，而是通过一定的教育环境和教育活动，使受教育者获得良好的道德品质。从空间结构看，隐性思想政治教育课程与相关的背景因素相结合，如社会因素、环境因素、家庭经济文化背景因素以及师生交互作用、教学方式的变化等，从而使隐性思想政治教育课程走向立体化。从时间结构看，思想政治教育已不单局限于几门课程的课堂学习，而是扩展到学校的整个生活世界中，呈现出"全天候"的状态。另外，在内容方面，隐性思想政治教育课程重视知、情、意的整体性学习，以实际为导向，寻找现实切入点，使理论的学习和研究与实际的结合更加紧密。

（二）研究隐性思想政治教育课程的实践意义

第一，隐性思想政治教育课程为思想政治教育实践，提供了一个崭新的视角。

用经验观代替知识观的现代课程观念从本质上用经验的课程观念代替了传统的知识观念和近代以来形成的分科课程观念，不仅引起了课程观念的一种革命性的变化，也使课程实践领域的彻底的变革成为必然。在传统的认知主义思想政治教育中，思想政治教育主要是通过显性的认知性思想政治教育课程来完成的。隐性思想政治教育课程的研究，极大地拓宽了思想政治教育的视野和领域，使思想政治教育不仅仅局限于有目的、有计划的学科课程领域，而且拓展到学校生活的各个领域，有助于把学校所有的教育因素、教育影响、教育途径、教育力量等融合为一个整体，通过学校提供的所有教育性经验对学生进行全方位、全天候的思想政治教育。对隐性思想政治教育课程的研究，实际上是从现代课程观念这个视角来探讨思想政治教育模式。这种模式既反映了思想政治教育理论研究的基本趋势，也是思想政治教育实践整合发展、整体发展的必然选择。

第二，隐性思想政治教育课程的影响方式有利于增强德育实效性。

近年来，思想政治教育工作不好做，思想政治教育效果不理想，其原因固然不能简单论及，但思想政治教育观念和方法的落后无疑是一个重要原因。大多数思想政治教育工作者在观念上仍停留在认知主义阶段，在方法上仍固守着单一的显性思想政治教育课程模式。显性思想政治教育课程具有明显的意识形态的特点，而意识形态总是带有一定的强制性和权威性，这样容易引起学生的逆反心理，教育效果不佳，使受教育者只是在头脑中简单形成了相关的思想道德知识结构，不能产生相应的情感，更不能转化为坚定的意志并付诸实际行动中。隐性思想政治教育课程潜在地隐含在各种显性教育背后，渗透在各种学习活动与环境氛围之中，以间接的、内隐的、渗透的方式影响学生，这样就能绕开学生的意识障碍，使学生无意识地、不知不觉地、潜移默化地接受教育，这样的教育往往具有更好的效果和更深刻的影响。可见，把隐性思想政治教育课程作为思想政治教育工作的新的生长点，定会增强思想政治教育的实效性。

第三，现实的社会背景使隐性思想政治教育课程研究成为必然。

思想政治教育必须与社会现实相适应，真正把握时代脉搏，才能孕育勃勃生机与强大的生命力。日益加剧的经济全球化进程使文化与地域之间的联系逐渐被削弱、消解，带来文化在全世界范围的碰撞、融合、冲突；我国社会主义市场经济体制改革的不断深入，呈现出组织结构与就业方式多样化、经济利益来源多样化等新特点，严重影响着人们的思想观念、道德观念、价值观念；计算机技术与信息技术的高速发展缔造了网络世界，它拓展了人们的生存空间，以铺天盖地的信息量影响着人们的思维方式和生活方式。现实的社会背景对思想政治教育的影响是重大的。它不仅要求把相关内容纳入思想政治教育中去，而且要求实现显性教育与隐性教育的结合和统一，使学生思想政治教育贯穿到国民教育全过程、学生生活的各方面，在形式上，思想政治教育只有走向更广域的空间——全方位、无处不在才会有出路。

以广泛的渗透性、潜在的影响力、无意识的作用方式为特征的隐性思想政治教育课程研究，体现了思想政治教育更加贴近生活、贴近实际、贴近群众，对推进思想政治教育实践具有重要意义。

二、隐性思想政治教育课程的研究方法

（一）理论研究与实践研究相结合的方法

目前，关于隐性思想政治教育课程的研究尚处于起步阶段，研究成果亦缺乏系统性、完整性，远远没有构成隐性思想政治教育课程的理论体系。在这种情况下，把隐性思想政治教育课程作为一个特定的研究对象，以对隐性思想政治教育课程的概念界定为逻辑起点，分析它的产生、发展及其在各个不同历史时期的演变过程，探讨隐性思想政治教育课程的理论基础，揭示从隐性思想政治教育课程的视角观察思想政治教育的必要性和可能性，由此推进到隐性思想政治教育课程的本体研究，即把隐性思想政治教育课程作为一个系统，探究其特征、功能、结构，初步建立隐性思想政治教育课程的理论体系，是十分必要的。但是，思想政治教育不仅仅是一个理论命题，更是一个实践命题，思想政治教育的终极意义在于从理论走向实践。因此，完全脱

离实践的理论研究注定是有缺陷的，也是行不通的。要避免这个弊端，实践研究是不可或缺的。一方面，理论研究可以为实践研究提供正确的理论指导，并建立合理的实践研究框架；另一方面，实践研究可以验证理论研究的正确性，为理论研究提供反馈信息。因此，只有将理论研究与实践研究结合起来才能把隐性思想政治教育课程研究进行得更好，促进理论研究价值的实现。

（二）中外比较研究的方法

比较而言，国外一些国家对隐性思想政治教育课程的关注比我国早，在实践中也建立了相对健全的体制。理论研究方面，国外关于隐性思想政治教育课程的理论研究也比我国起步要早得多。自从美国教育社会学家杰克逊于1968年在其专著《班级生活》中首次正式提出"隐性课程"这一概念以来，隐性课程便成为课程研究领域的热门课题。隐性课程的研究帷幕从此真正拉开，此后逐渐形成了结构功能论、现象诠释学、社会批判理论等流派，在空间上也由美国向英国、加拿大等地扩展。我国有关隐性课程的研究始于20世纪80年代，其进程的大体脉络是由以介绍西方理论为主转向较独立的理论探索，从理论认识层面拓展到实践操作层面，目前仍处于起步阶段，还缺乏系统的研究成果。需要指出的是，虽然同是研究隐性课程，但是他们研究的逻辑起点却是认为学校教育应该是完全自由、民主的，不带有任何政治色彩，学校不应该成为意识形态的社会控制机构。逻辑起点的不同，决定了研究思路和归宿上的根本差异。他们通过研究隐性课程发挥思想政治教育、政治社会化功能的方式，试图在教育理论及实践方面进行突破性的改革，是为了抵制、削减隐性课程的意识形态功能。因此，在进行隐性思想政治教育课程研究的过程中决不可以照抄照搬西方的理论与实践经验。在借鉴西方的研究成果的同时，要进行详尽的中外比较研究，做到去其糟粕、取其精华。

（三）历史和逻辑相统一的方法

课程是一个非常古老的概念，古代德育课程概念、近代思想政治教育课程概念与现代思想政治教育课程概念之间既有内在的逻辑关联，又存在着很大差别。有学者曾对古代课程、近代课程和现代课程的概念进行辨析，提出"正由于传统课程过于'教程化'，当代超越传统课程的种种构想与实验，显示出一种共同的趋向：向'学程'回归。"现代课程观念不是古代课程观的简单回归，而是在更高基础上的否定之否定。因此，把隐性思想政治教育课程研究纳入历史发展的轨迹，从课程观念演变的历史进程中，有助于我们把握隐性思想政治教育课程发生、发展、演变的历史轨迹，揭示隐性思想政治教育课程的本质和特征及未来发展的方向。另一方面，隐性思想政治教育课程也有其自身发展的逻辑性和规律性，隐性思想政治教育课程产生以后，就呈现出自身所特有的特点和规律。只有坚持历史与逻辑相统一的研究方法，才有可能从历史和现实、理论和实践相结合的高度把握隐性思想政治教育课程的内涵和实质。

（四）宏观与微观相结合的方法

由于隐性思想政治教育课程把学校作为一个整体对学生提供思想道德方面的经验纳入课程领域，因而研究的视阈就不能仅仅局限于具体的课程科目研究，而应该从相对宏观的学校教育整体来进行研究，从学校课程设计、实施和评价的整体来进行研究，从这个意义上来说，对隐性思想政治教育课程的研究与其说是一种课程研究，不如说是一种对整个学校教育的德育性的研究，研究学校是如何作为一个整体对学生进行思想政治教育的。因此，研究隐性思想政治教育课程需要一种宏观的视角。但是，学校作为一个整体发挥德育作用是由一门门具体教学科目或教学计划来实现的，只有在深刻分析各种具体教学科目或教学计划的思想道德经验的基础上，从微观具体课程要素研究出发，才能更为深刻地从宏观上把握学校整体教育经验，对隐性思想政治教育课程进行全面的把握。

大学生隐性思想政治教育是大学生思想政治教育的一种实践类型，其拥有同思想政治教育一致的教育要素，只是各要素相应具有隐性思想政治教育的特征。分析大学生隐性思想政治教育的要素特征，能够更好地把握大学生隐性思想政治教育各要素之间的相互关系，探究运行机理，有利于进行大学生隐性思想政治教育的理论研究和实践应用。大学生思想政治教育的要素学界有不同的划分，主要有"三要素说"，包括教育者、受教育者和教育要求。"四要素说"，包括教育主体、教育客体、教育介体和教育环体。五要素说"，包括教育主体、教育客体、教育目标、教育内容和教育方式。"六要素说"，包括教育者、教育对象、教育内容、教育目的、教育方法和教育情境。作为思想政治教育的要素应该在逻辑上是并列关系，并且能够体现整个思想政治教育过程，且不可替代和不可再分。"三要素说"中的教育要求只体现了思想政治教育的单一过程，忽视了环境对教育客体的影响，不符合思想政治教育的规律。"四要素说"中的教育介体还可以分为教育内容、教育方法和教育载体。"五要素说"中的教育目的可以通过教育内容和方法来体现，三者不是逻辑上的并列关系，教育目标不符合不可替代性。在"六要素说"中除教育内容和方法可以替代教育的目标外，教育情境的概念比较小，忽略了环境对教育客体的影响，应使用教育环境这个更具广度的概念。在大学生隐性思想政治教育过程中，隐性教育的信息需要融入隐性教育的载体才能发挥作用，这也是隐性思想政治教育所具有的本质特点。所以，本研究将大学生隐性思想政治教育的构成要素概括为：教育主体、教育客体、教育内容、教育方法、教育载体和教育环境等六要素。

第六章　高校隐性思想政治教育的实施主体

随着主客体这对哲学范畴在思想政治教育学中的应用与发展,"谁在做""对谁做"的问题日渐成为研究热点。这实际上涉及的是思想政治教育的两个重要因素:教育者和受教育者。运用社会主体研究方法分析高校思想政治教育的主体——教育者与受教育者及其之间的关系,目的是理清"谁在做"和"对谁做"及其二者之间的关系,从而帮助我们在实践中正确处理高校隐性思想政治教育者和受教育者之间的关系,促进二者之间关系的和谐发展,解决现实存在的问题:帮助教育者加深理论研究,提升对教育实践的指导,提高教育的实效性。

第一节　概述

一、主体、客体及其关系

主体(subject)和客体(object)是一对哲学范畴,主体是实践活动和认识活动的承担者;客体是主体实践活动和认识活动作用的对象。主体和客体运用到认识论上是从17世纪开始的,德国古典哲学在揭示主体和客体的统一方面作出了重要贡献。康德在认识论的基础上提出能思主体和自在客体;黑格尔在《精神现象学》中提出主观精神、客观精神和绝对精神;费尔巴哈从思维和存在的关系出发,认为存在是主体,思维是宾词。西方近代哲学到康德为止,以主体来定位和研究客体,是以主体的存在为前提的,没有主体就没有客体。马克思认为,现实社会中的主体既不是黑格尔的"自我意识",也不是费尔巴哈的抽象的、生物学上的人,而是具有生命力,并且可以能动地进行"对象性的活动"的"现实的历史的人",主体和客体是在对象性活动的相互作用中确立的一种"对象性关系"。

马克思主义哲学在对以往哲学批判继承的基础上,把实践引入到认识论中来,用实践来阐述和说明主体,并指出"社会生活在本质上是实践的。凡是把理论诱入神秘主义的神秘东西，都能在人的实践中以及对这种实践的理解中得到合理的解决。""人们的实践活动是以改造客观世界为目的、主体与客体之间通过一定的中介发生相互作用的客观过程。""在实践活动中，实践主体是指具有一定的主体能力、从事现实社会实践活动的人，是实践活动中自主性和能动性的因素，担负着设定实践目的、操作实践中介、改造实践客体的任务。""实践客体是指实践活动所指向的对象。"按照马克思主义哲学关于主体的定义，现实的主体就是活动的人自身，人既是认识的主体，又是实践的主体，还是价值的主体，不能截然分开。坚持马克思主义哲学的主体观，认为主体是从事一定认识活动和实践活动，并追求某种价值目标的人、社会和社会团体由于是由单个主体的人及其关系构成的，是个人主体认识活动和实践活动的总和，并追求着自身的目标和价值，也是主体，具有主体性。

马克思在辩证唯物主义和历史唯物主义基础之上提出了科学的主客体关系理论，从科学的实践认识论的角度来探究主客体关系，从历史唯物主义的角度来分析主客体关系。马克思主义的实践观认为，主客体关系是人类活动所特有的关系，主客体关系是建立在实践基础上的一种对立统一的辩证关系。

从马克思主义实践观的意义上来看，在现实世界中主客体之间普遍存在着三种关系：一是主客体间的相互统一、相互依存的关系。在实践中，主体处于能动和主导的地位，利用各种工具和手段对客体进行认识和改造；客体处于被动的地位，是实践的对象，接受主体的认识和改造。二是主客体间相互制约、相互斗争的关系。主体作为积极能动的一方充分发挥自身各种能力以及利用各种中介工具，对对象进行否定与改造，使其发生符合主体需要的变化，实现主体的目的和价值追求；客体因其本身的天然形态和质的规定性，制约和对抗主体的改造。三是主客体间互相渗透、相互转化的关系，即主体向客体的运动和客体向主体的运动，也就是"主体的客体化"和"客体的主体化"。

主体客体化是指主体通过实践把主体的目的和意图见之于客体，使客体向着符合主体需要的方向发展，最终实现主体改造客观世界的过程及结果；客体主体化是指通过实践，主体在对客体的认识与改造过程中实现对主体自身主观世界的改造。

二、主体性与主体间性

从古希腊哲学起，西方哲学家就倡导"主体"和"主体性"，古希腊神庙中的神谕"认识你自己"就是一种对个人价值的强调，强调个人的价值意味着把每个人都作为独立的个体。经过漫长的对人性压抑的中世纪，文艺复兴时期的思想家们高扬人性、人的价值、人在社会生活中的主人地位，达到一个从神性走向人性，对人性讴歌的极致。在西方近代哲学那里，至18世纪的法国唯物主义，突出强调了环境对人的作用，忽视了更为根本的是："环境正是由人来改变的"，没有看到人是社会活动的主体，唯物主义成为见物不见人的唯物主义。德国古典哲学从康德到黑格尔对主体性虽然都做了系统的研究，但是却是在唯心主义的外衣下抽象地、片面地发展了对人的主体性的认识，因为他们所说的主体性不是从事现实社会活动的人的主体性，而是某种"精神"的主体性。唯物主义的费尔巴哈虽然自称"人本学"，但是在其"人本学"中，人仍然处于的是被动的地位。因此，马克思在著名的《关于费尔巴哈的提纲》中分析到，"从前的一切唯物主义——包括费尔巴哈的唯物主义的主要缺点是：对事物、现实、感性，只是从客体的或直观的形式去理解，而不是把它们当作人的感性活动，当作实践去理解，不是从主观方面去理解。所以，结果竟是这样，和唯物主义相反，唯心主义却发展了能动的方面，但只是抽象地发展了，因为唯心主义当然是不知道真正现实的、感性活动本身的。"马克思的这一论述包含着一个深刻的思想就是：在唯物主义的前提下，即在社会实践的基础上强调人作为活动的主体性。因此，主体性即主体具有的特性。理论上通常认为作为从事现实活动的人所具有的主要特性包括能动性、创造性和自主性。主体的能动性又表现为主体一方面作为认识主体，能够能动地认识世界，一方面作为实践主体，能够能动地改造世界。能动地认识世界在于对认识对象的选择以及对认识对象从现象到本质的抽象；能动地改造世界表现为有效地利用自然物，改造自然物的形式，使自然界成为"人化自然"，从而创造世界。而在这种主体对客体的选择中，主体又超越了客体，创造了不同于客观事物本身的新事物，亦即体现为主体的一种创造性；同时通过主体的创造活动，主体最终成为自然界的主人、社会的主人、自己的主人，即自由的人，这正是一个平等、自由、公正的社会中人的最佳状态，是人的全面发展的最终目标。就高校隐性思想政治教育而言，它的主体性离不开教育者、受教育者和教育活动三个方面，并且三个方面不是在一个层面上的。

主体间性德文为Inter subjcktivitat，英文为inter subjcetivity，一般翻译为译成"交互主体性""主体际性"或"互主体性"等。主体间性是用来建构交往理论范式的核心概念，实则指主体与主体之间相互交往的特性，有时又称为"主体际性"，其使用更强调个体作为主体间的关系、主体与主体之间的相互交往的特性，它是随着全球化的理论和实践的进一步发展而提出的。以哈贝马斯为代表的西方学者认为，主体间性主要指一种意识和意向性关系，从马克思主义哲学来看，主体间性指人们在实践活动中、在人与人的交往中所形成的特定的社会联系，即马克思所谓"人的社会"和"社会的人"的描述就是具有深刻意义的、反映一种人类社会共同性关系的主体间性。不论是西方学者的意识和意向性关系的主体间性还是马克思主义哲学反映的一种人类社会共同性关系的主体间性，对于女性主义而言，主体间性的概念从某种意义上较之于主体性——反映主体和客体之间关系的概念可以更好地冲破父权制社会的束缚和限制，构建与男性平等对话、共同建设和创造人类社会的女性主体地位有着重要的理论和现实意义。《西方哲学英汉对照辞典》对主体间性是这样定义的："假设某物既不独立于群体心灵，也不由个体心灵主体决定，并具有不同心灵特征而存在，可称其为主体间的。凡是主体间的事物意味着某种源自非同一心灵，主体与主体表现为交互作用和信息互传，就是它们的主体间性。"因此，主体间性是主体之间关系的规定性，超越了哲学上主客体关系的二分，进入主体与主体的关系状态。就思想政治教育而言，主体间性思想政治教育表达了教育参与双方在教学活动中的内在关系、相互影响以及对主体性理论在思想政治教育范畴的抛弃、保留、发扬和提高。因此，主体间性的高校隐性思想政治教育指的是教育者与受教育者即大学生在相互平等、尊重的基础上，通过一系列隐性思想政治教育活动进行互动、理解、对话，在实践中表现出来的整体性和和谐性。

三、社会主体研究方法

社会历史过程是通过社会历史主体的活动实现的。研究社会历史过程，必须研究社会历史主体的作用。社会主体研究方法就是把作为社会主体的人作为社会历史研究的出发点，通过研究人的活动、人的本质、人与社会的关系，揭示社会的本质及其发展规律的方法。

人是社会历史发展的主体。深入了解作为社会主体的人，首先应该认识"现实的人"。"现实的人"是处于一定的现实的社会关系之中，从事一定的物质生产实践、社会政治实践和科学文化实践的人。所谓现实的人，"不是处在某处虚幻的离群索居和固定不变状态中的人，而是处在现实的、可以通过经验观察到的、在一定条件下进行的发展过程中的人。""现实的人"是社会历史研究的出发点，是处于历史发展过程中的人，"现实的人"的活动构成了社会历史发展的主体内容。

其次，"现实的人"是具体的人、历史的人。把历史主体当作类来看，从最抽象的形式上考察历史主体的活动时，人在总体的历史过程中处于主体地位。

此外，社会主体是"现实的人"的集合，即人民群众。人民群众是社会历史的主体，是历史的创造者：是社会历史实践的主体，在创造历史中起决定性的作用。人民群众作为社会主体，是社会物质财富和精神财富的创造者，代表了历史发展的方向，决定了历史发展的结局；人民群众作为社会主体，是社会主体变革的决定力量，创造并改造着社会关系。

人的自由全面发展是建立在个体高度自由自觉基础上的发展。人是具有主观能动性的主体，能够按照自己的认识和意志，自主地决定自己的选择，依靠主体能动的力量去改变外部世界，以实现自己的目的，满足自己的需要。人的自由全面发展的条件在于消灭阶级、消灭私有制和消灭强迫性分工，实现生产力的高度发展、物质财富的极大丰富和人们精神境界的极大提高。

第二节　社会主体研究方法视域下的高校隐性思想政治教育

运用社会主体研究方法深入分析高校隐性思想政治教育的教育者主体和受教育者主体，研究二者主体性表现和主体间性的表现，深入研究高校隐性思想政治教育。

一、高校隐性思想政治教育的主体

思想政治教育的教育者与受教育者，都是具有主体性的人，都是教育、教学的主体。高校隐性思想政治教育的主体是教育者与受教育者即大学生。

教育者解决高校隐性思想政治教育由谁在做的问题，受教育者解决高校隐性思想政治教育对谁做的问题。研究高校隐性思想政治教育的教育者与受教育者的主体性，有利于满足大学生的实际需要，使教育更有针对性、教育效果更加有效，从而更好地实现大学生的全面发展。

（一）高校隐性思想政治教育的教育者

关于思想政治教育主体的讨论有很多种，但是大部分都认同教育者作为思想政治教育的主体这一论断。在高校隐性思想政治教育中，教育者承担"谁在做"的角色，毫无疑问是主体。

具体而言，高校隐性思想政治教育者不仅仅是传统的思想政治理论课教师，还可以是其他专业课教师；不仅仅是辅导员，还可以是学校里的其他教职员工；不仅仅是老师，还可以是接受良好教育后思想成熟的优秀学生。任何高校隐性思想政治教育活动的策划者、组织者、参与者，只要可以在实践活动中潜移默化的引导学生、教育学生、影响学生的人，都是教育者，都承担"谁在做"的角色。

（二）高校隐性思想政治教育的受教育者

关于思想政治教育的受教育者，有些学者认为他们是教育的客体，处于被动接受教育状态。但是在高校隐性思想政治教育中一定要把大学生作为主体进行研究才能使教育更具实效性。一方面，由于人们主体性的普遍提高，而大学生的主体性更强，他们体现在高校隐性思想政治教育中的主体性也不断增强，大学生不再是被动接受教育的受教育者，而是有着较强的自我意识、性格特点和知识积累的大学生。另一方面，因隐性教育的特殊性，高校隐性思想政治教育一般将施教活动隐匿在实践活动中，教育者与受教育者都是活动的参与者，因此其客体性表现并不明显。而大学生在接受和实践教育内容时却表现出主体性。因此，他们尽管是受教育者，承担"对谁做"的角色，但却是具有客体性的主体，是高校隐性思想政治教育的主体。

大学生作为高校隐性思想政治教育受教育者他们的角色不是一成不变的，他们在接受教育的过程中，随着自己的思想日渐成熟，行为外化，会在无意识中转变成教育者的角色影响到身边的其他受教育者；随着教育的不断深入甚至会主动成为教育者来引导、影响其他受教育者。

二、高校隐性思想政治教育主体性的表现

（一）高校隐性思想政治教育者主体性的表现

高校隐性思想政治教育者的主体性通过对象性的关系和活动体现出来，主要表现为教育者根据受教育者（大学生）的个性特点和认知方式隐匿教育目的、设计教育内容、运用隐性方法、营造隐性教育情境对其进行潜移默化的教育实践和价值引导。高校隐性思想政治教育者的主体性不是天然的，是有条件的，是要承担相应的思想职能才能具有一定的主体性的。此外，高校隐性思想政治教育者先于高校隐性思想政治教育活动过程产生，具有自身的规定性。具体说来，高校隐性思想政治教育者的主体性从以下几个方面表现出来：

第一，高校隐性思想政治教育者的主体性通过对受教育者的全面客观的认识表现出来。高校隐性思想政治教育首先是隐性思想政治教育而不是传统的以显性为主的思想政治教育，因此对教育者的要求较高，其主体性的体现更强；其次，高校隐性思想政治教育面对的受教育者是大学生，他们的思想行为有着鲜明特点。全面而客观的认识、分析、把握大学生及其特点是教育

者发挥主导性，顺利开展实践教育活动的重要前提条件，同时这也是高校隐性思想政治教育者主体性的重要体现。

虽然大学生在思想水平、行为方式上有着许多共同特点，但是因为其性别、地域、成长环境、家庭背景、自身性格等不同，还是具有很强的个体差异性。这种差异性直接影响教育者在开展隐性教育实践活动时教育内容、教育方法的选择和设计，同时也决定了教育效果。因此，高校隐性思想政治教育者要正确认识大学生的个体差异，要主动研究、深入了解、全面把握大学生的特点，尽可能准确、有效掌握大学生的思维方式、认识特点、个性特征和价值观念等方面所存在的差异性，从而为顺利开展教育活动打下坚实基础。这就要求高校隐性思想政治教育者要正确认识受教育者即大学生的主体性，这是客观全面认识大学生的关键，也是教育活动能否达到预期效果的关键。高校隐性思想政治教育讲究教育的渗透性，在教育活动中潜移默化的影响大学生，引导其向着教育者所期望的方向运动。充分认识并尊重大学生的主体性，正确认识人的思想形成和发展的规律，教育者自然而然就会选择大学生易于接受的教育形式和教育内容，开展大学生喜闻乐见的教育活动，更有利于调动大学生在教育活动中的积极性和主动性，从而更好地激发大学生的内在动力，促使他们主动参与到教育活动中，在完成自我教育的同时还能投身到教育、影响其他大学生的活动中。这样教育的效果会更加深刻、影响更加长久。如果教育者忽视了大学生的主体性，那么他所开展的教育活动必定是不能吸引大学生、触动大学生，更无法实现教育目的，这样的教育活动必然是失败的。

第二，高校隐性思想政治教育者主体性通过深刻认识、科学分解隐性教育目的表现出来。前文中曾经论述过，高校隐性思想政治教育目的是在大学里针对在校学生实施潜隐了教育内容的教育活动所要达到的预期效果，它反映了社会对大学生在思想品德方面要求的质量和规格。而这一教育目的的实现首先需要教育者对其进行深刻的认识，在深刻认识的基础之上设计、开展一系列有意识、有目的的实践活动，并将教育目的、教育内容巧妙的隐匿在教育活动中，选择恰当的隐性教育方法，创设隐性教育情境，这一切都是在深刻认识教育目的的基础上产生的。

另一方面，高校隐性思想政治教育目的不是一蹴而就，通过一次教育活动就能实现的，需要教育者在客观认识的基础上将其分解成若干个教育目标，根据大学生的实际情况和教育活动的开展情况有计划、有针对性地开展。根据大学生的认识规律和成长成才规律，一般遵循教育目标从低到高、教育内容由浅到深、教育思想从具体到抽象、教育活动由感性到理性的规律。值得一提的是，高校隐性思想政治教育目的不是一成不变的，它随着大学生的受教育情况的变动而变化。对于高校隐性思想政治教育者必须考虑社会发展需求和大学生思想发展的实际情况，在教育活动中捕捉到变化和反馈，不断调整教育目标。

第三，高校隐性思想政治教育者的主动性通过对隐性教育内容的制定和选择表现出来。前文论述过，高校隐性思想政治教育内容是在高校针对大学生开展的教育实践活动，蕴含了以理想信念教育为核心的世界观、人生观和价值观教育，以爱国主义教育为重点的民族精神教育，以基本道德规范为基础的公民道德教育和以大学生全面发展为目标的素质教育这四个方面的内容。由此可见，教育内容是高校隐性思想政治教育目的的具体化体现。高校隐性思想政治教育者制定和选择什么样的教育内容，直接受教育者的价值观影响，反映出教育者的价值倾向，是教育者价值主体性的直接体现。在高校中，经常会开展一些规定了具体教育内容的隐性思想政治教育活动，教育者首先都会将教育内容作为再认识的对象，进行理解、反思、理性修正和接受，对教育内容的认可和接受无法按照要求全盘传递给受教育者，通过鉴别、选择和发展新内容等阶段。

此外，在高校隐性思想政治教育活动中，教育者要认真观察受教育者的接受情况、教育效果、外界环境的变化等，及时进行判断，随时调整教育内容。根据这些变化增加或减少教育内容，顺应这些变化尽可能将最新、最吸引大学生注意力、最能触动大学生的教育内容融入教育中，并紧跟时代的发展和要求不断丰富和发展教育内容。这些变化的捕捉、内容的调整都由教育者来决定，都是高校隐性思想政治教育者主体性的体现。

第四，高校隐性思想政治教育者的主体性通过对隐性教育方法的恰当选择和灵活运用表现出来。高校隐性思想政治教育方法主要指的是渗透式教育方法、陶冶式教育方法和实践体验式教育方法三种，它是在高校隐性思想政治教育活动中连接教育者和大学生的纽带和桥梁，也是实现教育目的的方法和手段。而教育者在教育活动中选择哪一个或者几个具体方法则体现教育者的主动性——他根据自己对教育目的的判断、对大学生的把握等选择自己认为最合适的教育方法，并随时调整教育方法，这就是教育者主体性的体现。

在隐性思想政治教育活动中，教育者如何灵活运用教育方法，以最恰当的方式作用于大学生，这个过程教育方法被打上了教育者的烙印，体现了教育者在教育方法选择上的主观能动性，同时也体现了教育者的主体性。随着教育的深入开展，教育者的经验不断丰富，教育环境不断变化，大学生也随之发生变化，教育者继续发挥主体性，不断创新隐性思想政治教育方法、丰富隐性思想政治教育方法，增强教育的实效性。

第五，高校隐性思想政治教育者的主体性通过创设隐性教育情境表现出来。高校隐性思想政治教育情境可以分为两种：一种是为隐性思想政治教育整体目标而营造的大环境，另一种是为某一个或者一系列具体活动而营造的具体情境。无论是大环境还是具体情境都是为开展隐性教育活动、实现教育目的服务的，而所有的高校隐性思想政治教育活动也都是在这些教育情境中开展的。由于高校隐性思想政治教育主要通过隐性教育活动对大学生进行渗透、潜移默化中引导，因此，高校隐性思想政治教育情境的育人功能更为明显。教育者在创设高校隐性思想政治教育情境时，经过自己的价值判断和取舍为了更好的实现教育目的，教育者会发挥主体性，正确认识社会大环境，合理评价教育情境，根据实际需要创设隐性教育情境，并根据教育效果不断调整、开发、优化教育情境，从而更好地实现隐性思想政治教育情境的育人功能。

综上所述，高校隐性思想政治教育者的主体性通过受教育者即大学生、高校隐性思想政治教育目的、教育内容、教育方法和教育情境这几个方面表现出来，而在教育过程中教育者也在根据实际情况不断提高、改善自我，这种教育者自身的角色定位也体现其主体性。

（二）高校隐性思想政治受教育者主体性的表现

"受教育者的主体性是受教育者作为思想政治教育主体的本质属性，是受教育者自觉认同教育目标和教育要求，独立做出判断和选择，自主调节行为，并在实践中完善自身品德，丰富和发展社会道德规范的自主性、能动性和创造性。"在高校隐性思想政治教育中，受教育者是在校大学生，他们的主体性通过自身较强的自我意识以及高校隐性思想政治教育过程表现出来。

具体有三个方面的内容：第一，高校隐性思想政治教育受教育者主体性通过自身较强的自我意识表现出来。高校隐性思想政治教育受教育者是大学生，就目前来讲大部分是"90后"，甚至是"95后"，他们的自主与独立意识极强，注重个性：大学生有一定的知识基础，基本形成自己的价值观，有一定的经验，具有很强的主体性，这一点是客观事实。因此，我们开展高校隐性思想政治教育一定要正确认识这一客观事实，在尊重其自主性的基础上设计、开展教育实践活动。

换个角度，作为教育者要善于利用大学生的自我意识，这种极强的自我意识如果得到教育者很好的引导会转化为大学生的自我约束和自我教育。在教育过程中，教育者在潜移默化中引导、影响受教育者将其自身的需要、目标与教育目的结合起来，逐步将教育目的变为受教育者自身的目标，并帮助其将目标与自己的行为统一起来，通过其自身的理解、判断有选择地吸收并外化。在这个过程中，受教育者表现出能动性和创造性就是其主体性的体现。

第二，高校隐性思想政治教育受教育者主体性通过在教育过程中与教育者的平等互动表现出来。在这里要与主体间性进行区别，主体间性也承认受教育者是主体，但是它强调的是教育者主体与受教育者主体之间的关系及其相互作用。高校隐性思想政治教育是教育者通过开展实践活动将受教育者吸引过来，在实践活动中对其进行潜移默化的教育影响。因此，在实践活动中教育者的教育角色并不为受教育者所知，二者都是活动的参与者，是平等的：

受教育者在人格上与教育者一样都是独立的、平等的，两者之间的互动也是平等的，不是强制的。因此，他们在教育活动中的角色是平等的。在这种平等的基础上，在实践活动中受教育者自由表达观点、思想，教育者对受教育者的观点、思想做出反应形成互动，这种互动是双向的。教育者在双向互动中逐步渗透教育目的和教育内容，并且根据受教育者的反应不断进行调整。换言之，受教育者的个性和想法在实践活动中直接影响教育者，其主体性表现出来。

第三，高校隐性思想政治教育受教育者主体性通过在教育过程中对教育目的、教育内容的自觉统一表现出来。在高校隐性思想政治教育中，通过矛盾运动，最终需要受教育者对于教育目的、教育内容经过自身的理解、判断、接受后，与自身的价值观相结合从而形成价值认同。在此基础上，受教育者积极参与隐性思想政治教育实践活动并在教育者的引导下批判的接受教育目的和内容，这个过程需要发挥其自身的主体性，对道德原则和普遍规范做出自觉理解和自愿接受就是受教育者主体性的确证。

除此之外，高校隐性思想政治教育活动的主体性与高校隐性思想政治教育者和受教育者的主体性紧密相连，通过教育者和受教育者的主体性表现出来。一方面，高校隐性思想政治教育活动是在教育者和受教育者双向互动的过程中展开的，在教育者潜移默化的引导下，受教育者能动的改造自己的主观世界，从而提高自己认识世界和改造世界的能力。在这个过程中教育者和受教育者都表现出主体性，反映了教育活动的主体性。另一方面，在高校隐性思想政治教育活动的深入开展过程中，教育者和受教育者的主体性不断发挥、不断提高，在这个主体性不断提高的过程中实现了开展教育活动的目的。

三、高校隐性思想政治教育主体间性的表现

在高校隐性思想政治教育中，教育者与受教育者通过隐匿了教育目的和

内容的实践活动发生相互作用和矛盾运动，整个教育过程是在实践的过程中不断平等交流、传递信息、相互作用、相互影响的过程。因此，高校隐性思想政治教育主体间性的主要表现在以下两个方面。

第一，高校隐性思想政治教育者与受教育者都是高校隐性思想政治教育的主体，二者构成主体的互动关系，这种主体互动关系是其主体间性的表现。这里面包括两个层面的含义：首先，高校隐性思想政治教育者与受教育者都是主体，这既是其主体间性的主要前提也是影响高校隐性思想政治教育能否成功的重要前提。传统的思想政治教育将教育者放在主体的位置，受教育者放在客体的位置，以教育者为中心和出发点，忽视了受教育者的主动性和需求，导致很多矛盾产生。只有将受教育者放在主体位置，在制定教育计划、目的，选择教育内容、方法等情况下，从受教育者出发尊重受教育者的主体地位才能使教育有的放矢，更好地满足受教育者的需要，调动积极性和主动性，从而实现教育目的。而高校隐性思想政治教育中，教育者与受教育者在教育活动中都是以活动参与者的身份出现的，教育过程中更要调动其内在动力，因此，在高校隐性思想政治教育中教育者和受教育者都是主体。其次，在高校隐性思想政治教育中教育者与受教育者之间是互动关系。二者之间的互动是平等的，在人格方面是独立自主的，具有主观能动性的。这种互动是双向的，不仅仅有教育者对受教育者的信息传递也有受教育者对教育者的反馈与主动沟通。这种双向互动关系也是高校隐性思想政治教育区别于传统思想政治教育的显著特点。

第二，高校思想政治教育者与受教育者共同参与主体互动性关系活动，交往与活动是其主体间性的表现。这些主体互动性关系活动可以通过课堂教学活动、课下交往活动、社会实践活动等多种形式的活动中潜移默化传递出教育内容，让受教育者在没有明确感知强烈的教育意图的背景下自主接受教育者传递的思想。通过自身的矛盾运动，在教育者的引导下逐步提高自身的思想水平，形成科学的思想观念和道德意识。在这些实践活动中，受教育者是自由的，与教育者的关系是平等的，环境是轻松的。因此受教育者更容易在教育者的引导下逐步接受教育思想，提高认识，实现教育目的。除了典型的活动外，交往在高校隐性思想政治教育中的作用也是极其重要的。有过高校思想政治教育经验的人都会有类似经历，两个老师给同一个大学生做思想工作，与学生私人关系好的老师教育效果更好。这就说明了师生间的交往对思想政治教育的效果有一定影响。在高校隐性思想政治教育中，这种交往可以是实践活动中的交往互动，也可以是私下里抛开师生关系的交往。

第三节 加强高校隐性思想政治教育主体 有效互动的基本原则

在高校隐性思想政治教育中教育者与受教育者作为主体，无论从二者的主体性表现还是主体间性的表现来看，他们二者之间的有效互动是教育理论和教育实践转化的条件，加强高校隐性思想政治教育主体有效互动对解决当前教育者主体与受教育者主体之间的矛盾、促进高校隐性思想政治教育系统良性运转、提高教育实效性等方面具有重要意义。主要遵循主体互动、主体尊重和理论联系实际三个原则。

一、主体互动原则

加强高校隐性思想政治教育主体有效互动要坚持主体互动原则，提高教育者主体与受教育者主体之间互动的有效性。

（一）创新互动机制，加强主体间交流

加强高校隐性思想政治教育主体有效互动需要改变传统的教育者和受教育者之间的交流模式，创新互动机制，在平等互动的基础上加强主体间交流。

首先，高校隐性思想政治教育者需要转变思维方式，这是创新互动机制的基础。我国长期以来在思想政治教育实践过程中掌握了丰富的思想政治教育思维方式资源，积累了宝贵的实践经验，这些思维方式对思想政治教育主客体关系的发展、建构和思想政治教育的实践展开起着重要的作用，直到现在这些作用仍然是无法替代的。但是随着经济社会的发展，思想政治教育面临新形势、新问题，因此，新的思维方式也就应运而生，这一点在高校隐性思想政治教育中表现极为明显。针对当前高校隐性思想政治教育主体间存在的问题，一方面需要将传统的对象型思维方式转化为关系型思维方式。"对象型思维是建立在近代主体与客体两分的认识论基础之上的一种思维方式，而关系型思维则建基于交往理论基础之上。"用对象型思维方式思考高校隐性思想政治教育主体间的关系，就是从人的客观存在出发而建立起来的积极的对话和互动关系。另一方面需要从传统的线性思维方式转化为发散性思维方式，改变原有的单向的、较为固定的互动方式，转变为多向的、灵活多变的互动

方式。在高校隐性思想政治教育主体互动中，注重多维度、发散性地思考隐性教育活动。需要指出的是，注重发散性思维方式，并不是全盘否定线性思维，而是将其作为线性思维的补充，解决高校隐性思想政治教育主体互动中出现的问题。

第二，高校隐性思想政治教育者与受教育者之间要注重交流、加深理解，让交流成为常态。这里说的交流包含两个层面的内容：生活中的交流和思想上的交流。在高校隐性思想政治教育中，教育者与受教育者之间的交流对于建构主体互动模式扮演着重要的角色，在教育实践中二者之间是通过交流的形式实现的，可以说交流是高校隐性思想政治教育主体互动模式构建的桥梁和纽带。在交流的过程中，教育者与受教育者主体间借助于平等对话、沟通和逐步增进了解、加深理解，每一次主体的进步和发展都依赖于主体间交流的良性发展与建构。在交流的过程中，教育超越了纯粹知识形态的教育，体现了教育对人的生命的价值尊重和意义世界的建构。通过交流，教育者与受教育者增进了解、加深理解，逐步建立信任，更有助于达成道德价值共识和社会价值规范认同。需要注意的是，教育者与受教育者的交流一定是在高校隐性思想政治教育中的平等关系的基础上建立的，这既是隐性思想政治教育本身的要求也是构建主体互动模式的需要；交流使高校隐性思想政治教育者与受教育者之间的关系表现出开放性，在交流的过程中敞开心扉、倾听对方、了解对方，诉说自己、表达自己，这样双方表达的和获取的都是较真实、较准确的信息；在良性的交流中，更容易促进教育者和受教育者双方共同进步、共同成长，提高教育的深度与效果。

第三，高校隐性思想政治教育主体间要创新互动机制，有效利用互联网技术。习近平同志在全国高校思想政治工作会上指出：要运用新媒体新技术使工作活起来，推动思想政治教育工作传统优势同信息技术高度融合，增强时代感和吸引力。在高校隐性思想政治教育中，有效利用新媒体、互联网创新工作机制，有助于促进教育者与受教育者之间的主体互动。实现高校隐性思想政治教育与新媒体、新技术的高度融合，调动教育者和受教育者双方主体互动的积极性，用二者都喜欢、习惯、易于接受的方式来加强互动。在发生突发事件时，这种借助新媒体的互动就显得十分便捷和有效，通过微信、QQ或者其他新媒体在人机互动的过程中实现师生互动，相互碰撞、相互交流、相互启发。当前互联网占据大学生相当多的时间，他们通过网络获取信息的信息量很大，这个思想政治教育的领地一定要占领，我们所依靠的就是在互联网上占据一席之地，掌握话语权，在学生受到网络不良价值观影响的时候可以随时站出来拨乱反正。

（二）拓宽互动范围，实现全方位互动

党和国家领导人在全国高校思想政治工作会上指出："要把思想政治工作贯穿教育教学全过程，实现全程育人、全方位育人，努力开创我国高等教育事业发展新局面。"这就要求高校隐性思想政治教育要拓宽互动范围，一方面，将思想政治理论课以外的课堂渗透育人功能，将专业教师纳入教育者中，在传递科学知识的同时渗透思想政治教育内容。这样，受教育者还是那些大学生，而教育者的范围大大加大，主体范围扩大，主体间互动的机会增多。另一方面，将课堂外的校园生活纳入思想政治教育中，将校园里的教职员工纳入教育者中，使大学生在校园生活中逐步接受隐性教育的内容，从而实现全程育人、全方位育人。

在课堂教学中，教育者与受教育者之间发生的信息与思想感情上双向交流活动。教育者对受教育者传递专业知识，实现知识共享；传递价值观念，达成价值共识；伴随情感沟通，加深共情。此外，受教育者之间也会产生相互影响、相互渗透。因此，如果将隐性思想政治教育拓宽至专业课教学的课堂中，专业教师在传递专业知识的同时渗透思想政治教育的内容，甚至通过自身的言传身教、个人魅力去影响大学生的思想和价值观念。目前来看，高校的专业课程排课较多，很多专业老师会上不止一门课程，与学生的沟通时间不止一个学期，在如此频繁的见面机会下，教育者与受教育者主体互动的机会增多，建立情感更牢靠，更有利于促进主体互动。

在课余生活中，受教育者要经常与教职员工打交道，比如宿舍管理员、教务人员、图书管理员、食堂阿姨等。而大学生与教职员工的沟通基本都是有很强的目的性的，是不可避免地必要性沟通。比如大学生忘记带钥匙了会去寻求宿舍管理员的帮助，想要改选、退选选修课程会去寻求教务人员的帮助，借书需要找图书管理员、打饭要找食堂阿姨，这些沟通都是大学生主动寻求的，同样也是不可避免地。如果将这些教职员工纳入高校隐性思想政治教育者的范围，那么就可以在大学生主动沟通的前提下与之互动，既拓宽了互动范围，又能够在沟通中渗透教育思想。

（三）深挖互动内容，吸引主体间互动

党和国家领导人在全国高校思想政治工作会上指出：做好高校思想政治工作，要因事而化、因时而进、因势而新。做好高校隐性思想政治教育，吸引教育者和受教育者，促进主体互动，需要深挖具有时代感的、能引起主体共鸣、满足主体需要的教育内容。这些教育内容能反映、解决现实问题，蕴含的教育理论是生动的、鲜活的。

第一，重构高校隐性思想政治教育内容。对传统的思想政治教育内容进行甄选，转变不适应时代需要的思想政治教育内容，用创新理念指导推动思想政治教育内容的更新，从结构上对思想政治教育内容进行优化。一方面，把传统的教育内容进行整理和提炼，结合时代发展和主体需要拓展其内涵，使教育内容贴近时代、贴近生活、贴近大学生，赋予其时代内涵与特征。这种整理不是全盘摒弃，而是对传统的思想政治教育内容的重建和梳理，挖掘出其中富有生命力、感染力和吸引力的内容，重新包装，从而创造出传统特色与时代特色相结合的思想政治教育内容。另一方面，要善于借鉴其他领域或国外相关领域的成功经验。借鉴其他领域的成功教育经验，比如将体育竞技领域、艺术领域等的成功经验引入高校隐性思想政治教育中，丰富教育内容；将国外值得借鉴的经验引入高校隐性思想政治教育，从内容上拓宽丰富思想政治教育内容。

第二，关注主体差异性，求同存异，恰当选择教育内容。在高校隐性思想政治教育中，由于受教育者与教育者之间在知识结构、生活阅历和价值观念等方面存在一定的差异性，并且教育目标和受教育者的实际需要之间的差异性也是客观存在的，这就需要关注教育者与受教育者之间的差异性，强调主体间的沟通和交流，避免差异性变大，寻找其中的共同点和契合点，选择恰当的教育内容进行教育。这种恰当教育内容的选择基于对教育主体的深入了解和深刻分析，选择的内容既避开了主体间无法避免的差异和矛盾，又能引起双方共鸣，这样才能吸引双方投入到教育活动中去，并进行主体间良性互动。

第三，有效利用互联网传播教育内容。目前高校隐性思想政治教育的一大挑战就是新媒体，每个大学生手中都有一部通过互联网连接的手机，他们很多信息的传递、选择和获得甚至发布都是通过手机。这也使我们无法强制性的命令大学生不能接受哪些信息。但是互联网也是一把双刃剑，我们应该有效利用互联网，创新互动内容。一方面，我们要主动占领网络宣传的阵地，这种占领既要有主旋律的"显性"占领，又要有隐匿了教育目的的"隐性"占领。基于大学生的特点，在高校隐性思想政治教育中，"隐性"的占领更易被大学生所接受，更易将教育内容传递给大学生。另一方面，包装教育内容，通过大学生喜闻乐见的形式传递给大学生，并与大学生形成良性互动。比如，有些大学会利用动漫人物来演绎身边的榜样，有些大学将网络热词运用到活动中，还有的大学通过模仿"网红"的语言和神态来传递教育内容，等等。这些经过包装的教育内容散发着新的活力，更能引起主体的兴趣，更能吸引主体互动。

二、主体尊重原则

加强高校隐性思想政治教育主体有效互动，要坚持主体尊重原则，主要体现在两个方面。

（一）坚持主体尊重原则要注重以人为本

坚持主体尊重原则要注重以人为本。以人为本是构建高校隐性思想政治教育主体尊重原则的基础。从社会主体研究方法的角度来看，马克思强调在社会实践中充分发挥人的创造性，促进人的自由与全面发展，人的本质问题是核心，内在属性是人的主体性，充分尊重人的价值，其目的是实现人的自由而全面的发展。"以人为本"把人看作主体和目的，尊重人的价值，强调一切为了人，一切依靠人，关心人、尊重人、发展人，满足人的现实需求，使人的主体性得到最大化发展，调动人的主体性意识，推动人的全面发展。在高校隐性思想政治教育中为了实现教育者和受教育者的自由而全面发展，从人的本质出发，充分认识教育者和受教育者的主体性，尊重教育者和受教育者的价值和需求，依靠教育者和受教育者及其之间良好互动。

坚持以人为本，高校隐性思想政治教育者要充分发挥其主体性，全面分析、正确认识受教育者，了解受教育者的需求；要充分认识受教育者的主体性，并引导其向着正确的方向发挥其主体性。在高校隐性思想政治教育中，教育者洞察外界环境的变化，科学预测发展形势，合理选择符合时代要求和受教育者发展要求的教育内容，熟练运用并创新教育方法，主动创设并及时调整教育情境，准确捕捉到受教育者对教育活动的反馈，及时做出调整。在这个过程中教育者的主体性成分发挥，并在实践中不断提高，而教育者的思想也在教育中得到升华。

坚持以人为本，要充分相信并依靠高校隐性思想政治教育受教育者的主动性，激发受教育者的主体性。受教育者积极主动参与到实践活动中，与教育者互动，根据自己的需求与喜好选择是否继续参与活动、接受教育内容。而实践活动的目的就是从受教育者的需要出发，为了受教育者的思想提升而制定的。受教育者在活动中的反映与表现直接影响到教育者的教育活动、教育目的和教育内容等。受教育者根据自己的价值认同与教育活动传递的教育思想进行矛盾互动，自己调节应对环境的变化，最终形成自己的思想。受教育者的思想形成在整个高校隐性思想政治教育过程中较为独立自主、积极主动。

坚持以人为本，最终实现高校隐性思想政治教育者和受教育者的自由而全面发展。"人的全面发展，既包括人的独立性、主动性和创新性在内的主体性的发展，又包括人的民主性、规范性与开放性在内的社会化发展。"在高校隐性思想政治教育中，教育者和受教育者的主体性发展是他们的内在发展和素质的提高，他们的社会化发展是外在发展。尊重人的价值是实现人的全面发展的前提条件，社会要对个人给予充分的满足与尊重，完善推进人的全面发展实现的客观条件。

（二）坚持主体尊重原则要充分尊重受教育者主体

高校隐性思想政治教育必须尊重受教育者即大学生的个性发展，尊重他们的需要和特点，对其发展进行积极的引导，努力为其健康良好发展提供条件。

首先，要尊重受教育者的主体地位，在正确认识其主体地位和主体性的基础上设计、开展实践活动，要注意发挥受教育者的主体性，并相信大学生能够在实践活动中发挥其独立性、自主性、能动性和创造性，这一点符合大学生的个性特点与需求。把着眼点放在大学生的主体地位和主体性上，还要注重培养其主体性，这也是对大学生主体性尊重的重要表现。

其次，要深入研究受教育者，切实了解受教育者的需求和特点。在高校隐性思想政治教育中，大部分大学生无法感知到自身对于思想政治教育的需求，没有认识到思想政治教育的价值和意义，因此，教育者在制定隐性实践教育活动时要深入研究大学生，切实了解他们的需求和特点，这样才能更准确的把握、深层次的挖掘出大学生自己未感知到的对于思想政治教育的需求，而这种研究和挖掘是真正的尊重大学生主体性的表现。换言之，在深入研究受教育者需要什么、为什么需要、需要多少的基础上，教育者才能准确的找到怎样满足需要的方法和途径。作为高校隐性思想政治教育者深入研究受教育者的需求和特点，实质是准确把握大学生的思想状况，只有在这个基础上其制定的教育目的才是有针对性地、切实可行的，其选择的教育内容才是可以吸引大学生并能引起思考的，其选择的教育方法才是有效的，最终才能实现大学生的全面发展的需要。

最后，要实现高校隐性思想政治教育者与受教育者之间的平等互动。在高校隐性思想政治教育中，教育者和受教育者是平等的教育活动主体，二者之间是平等的关系。在二者平等互动的基础上，教育者和受教育者在教育活动中相互理解，在活动与交流中进行反思和互动，共同进行思想上的矛盾运动，相互促进，最终产生积极的影响。不仅教育者对受教育者会产生影响，受教育者对教育者也同样会产生影响。在教育者与大学生不断进行平等互动的过程中，他们二者更易产生思想上的碰撞、心灵的交流，更易相互促进，共同进步。除此之外，二者之间平等互动的过程中会进行自我构建、自我发展和自我完善，最终形成理想性道德人格。

三、理论联系实际原则

加强高校隐性思想政治教育主体有效互动要遵循理论联系实际原则。高校隐性思想政治教育主体的主体性是教育者主体和受教育者主体互动的实践中生成并发展的。理论联系实际内在地要求思想政治教育应结合发展的实践进行，面向实践，自觉实现向实践的转化，避免理论教育的抽象化、概念化和知识化，以增强教育的针对性与实效性，吸引力和感染力。坚持理论联系实际，是高校隐性思想政治教育的主导原则。

一方面，理论来源于实践，并接受实践的检验，它随着实践的发展而发展；实践是理论的源泉、发展的动力和检验的标准，为理论的丰富和发展提供思想和理论条件。理论自身的特质决定了理论教育必须紧密联系实践。在高校隐性思想政治教育中，思想政治教育理论的价值不在于其抽象价值，而在于其实践价值，它用于指导实践，使实践成为一种自觉的活动。在对大学生进行理论教育中，在教育者与受教育者的主体互动中必须坚持理论联系实际，与大学生的生产生活实践相结合，这样才能实现教育目的，实现人的全面发展。

另一方面，找准契合点实现高校隐性思想政治教育主体间的理论实践转化。当今高校开展隐性思想政治教育，将思想政治教育理论渗透给大学生，一定要紧跟时代脚步，找准大学生的特点。作为当代的大学生，他们一方面不愿意接受枯燥的理论，很多理论被大学生打上"无趣"的标签，被他们自动"屏蔽"了；另一方面，大学生比较重视理论的实践性，也就是说他们学习掌握了这些理论有什么用。基于这两点，在高校隐性思想政治教育中，将思想政治教育理论渗透给大学生之前，要先做到将理论向实践渗透，将理论与实践紧密结合。既让大学生在实践过程中逐步接受理解、接受、升华成理论，又让他们明白自己所接受的理论是用来干什么的。因此，这就要求高校隐性思想政治教育要深入到大学生的生活中，结合时代的发展和实践的要求，找准契合点，在教育中增强理论的实践性，加强理论联系实际。

第七章 高校隐性思想政治教育课程的开展

　　隐性思想政治教育课程研究既是一个理论问题，更是一个实践问题，对隐性思想政治教育课程的思考绝不能只限于理论思辨的范畴内，否则就与隐性思想政治教育课程的初衷相背离。设计出来的隐性思想政治教育课程如何发挥作用，不同的学生群体对隐性思想政治教育课程有不同的要求，怎么才能使隐性思想政治教育课程蕴藏的教育信息作用到学生？所有这些问题的解决，都要求隐性思想政治教育课程必须立足于实践领域，在具体的教育实践过程中研究隐性思想政治教育课程。目前，开展隐性思想政治教育课程的趋势在全国许多高校已经初见端倪，如社会实践活动、青年志愿者活动、社会考察活动等，但如今的隐性思想政治教育课程仍然缺乏必要的理论指导和制度化、系统化建设，距离隐性思想政治教育课程体系化、规范化的目标还相去甚远。由此可见，隐性思想政治教育课程的研究必须落实到具体的隐性思想政治教育课程的开展上，以保证隐性思想政治教育课程最终的实现。

第一节 高校隐性思想政治教育课程开展过程中的施教机制与接受机制

一、隐性思想政治教育课程开展过程中的施教机制

　　机制一词，来源于希腊文，原指机器的构造和工作原理，后拓展到有机体，指有机体的构造、功能和相互作用，如今已经广泛应用于各学科的研究。在人文社会科学领域中，机制用来表示一个复杂的社会系统中的复杂因素之间相互作用的方式。在思想政治教育研究中，机制即指思想政治教育各要素为实现特定目标而有机联结的基本规律、作用方式。隐性思想政治教育课程与显性思想政治教育课程不同，它对学生的教育影响是潜移默化的、间接的，因而有其独特的施教机制。一般认为，隐性思想政治教育课程的施教机制是通过暗示、感染、模仿和认同等方式来影响学生的。

（一）暗示

心理学研究表明，人都具有可暗示性。暗示与其他心理现象不同，具有如下一些特征：第一，直接渗透。这指的是暗示现象进入心理的方式，它对人的影响比理智来得更加直接深入，直入人的内心世界。第二，自动性。暗示作用是快捷而突发的，包括动觉反应和心理活动。知识的获得是自动的、直接的，不是靠死记硬背。第三，高效性。通过暗示进行教育教学，消化知识的速度比传统的方法快一倍到五十倍不等。

隐性思想政治教育课程正是通过各种情境、气氛对学生产生暗示作用，使学生在不知不觉中接受教育。在学校生活中，教师的言行举止、学校的各种仪式活动等，都可以给学生某种暗示，使学生接受信息，产生心理体验。

隐性思想政治教育课程通过暗示对学生产生影响的大小，取决于两个因素：第一，客观因素。比如说，学校气氛的特征、人际关系状况、教师的思想品德和知识结构、教学策略的选择等。第二，主观因素。这主要指学生自身的心理特征和主观意向等。一般说来，从独立自主倾向来看，缺乏主见、随波逐流的人容易受暗示，而独立性很强的人则往往具有反暗示性，反对顺从、反对驯服，特别是当他意识到他人试图以暗示作为影响手段时，更不会接受暗示。因此，对隐性思想政治教育课程设计和实施的科学性、艺术性要求是很高的。

（二）感染

感染是人的一种同化反应形式，它表现为个体对他人和特定情境自觉地产生共鸣或类似的心理状态。隐性思想政治教育课程对学生的影响，大多是借助于感染的方式进行。例如，在空气新鲜、阳光充足、美丽清洁的校园里，学生往往容易受到感染，引发他们对美的向往和追求。在一个团结向上的班集体里，自然会形成一种愉快和谐的心理气氛，学生身处其中，就会受到感染，产生热爱集体的情感。社会心理学研究表明，任何人处于弥漫着某种情绪的情境中，都会受到情境气氛的感染，而使自己的心理活动不自觉地发生变化，与他人的情感或心理气氛一致。当前，为增强思想政治教育的实效性，全国各高校都充分利用所在地的资源优势，积极开展实践教学活动，使大学生在情境中受到感染。比如，湖南一些高校组织学生到韶山毛泽东纪念馆、花明楼刘少奇纪念馆、第一师范纪念馆、雷锋纪念馆等地参观学习，使学生深受革命精神的感染。大连的一些高校组织学生到旅顺历史博物馆、万忠墓、鸡冠山等地参观，使学生更加深刻地了解了中国近代那段屈辱的历史，激发了他们的爱国热情。还有一些高校利用暑假组织优秀学生到全国各地进行社会考察，学生在老区和贫困地区进行科技扶贫考察活动中，更加体会到"科学技术是第一生产力"和实现"共同富裕"的重要意义；在特区考察活动中，进一步认识到"中国共产党要始终代表中国先进生产力发展要求"的重要性；在"改革开放伴我成长"系列活动中，学生们亲眼看到和体验到了改革开放以来祖国大地的巨变和腾飞。在这样的实践活动中，学生身临其境，在潜移默化中受到了感染和教育。

（三）模仿

社会心理学研究表明，模仿是指个人受非控制的社会刺激引起的一种行为，其行为与社会上其他人的行为类似。模仿是再现他人的一定外部特征、行为方式、姿态、动作和行动，这些特征行为方式、姿态的特点还同时具有一定的合理的情绪倾向性。在榜样的影响下，人们不仅掌握简单的活动技能，而且会形成特定的思想、兴趣、价值观和行为方式等。

模仿可能是有意的，也可能是无意的，但都不是通过外界的命令而强制性发生的，具有非控制性。模仿在人的发展和社会角色获得中具有重要意义，这一点已经被不少社会心理学家所认识、所强调。教育社会心理学家班杜拉提出的"社会学习理论"对于说明隐性德育课程如何借助于模仿来教育学生很有启发性。他认为："模仿或观察性学习是这样一个过程，在这个过程里，一个人观察他人的行为，形成所观察到的行为的动作及其结果的观念，并运用这些观念作为已经编码的信息以指导他将来的行为，人们所表现的行为，大多数是通过有意识或无意识的模仿而学习到的。模仿使人们能够甚至在他们尝试某一特定行动之前，就可以通过向范例学习到他们应做些什么，从而减少直接尝试错误学习的负担和风险。"显然，班杜拉的"社会学习理论"强调学校社会交往过程中模仿的教育意义，这对于我们深入认识隐性思想政治教育课程的影响机制是很有意义的。

学校里的一切现象都可能成为学生观察模仿的对象，都可以通过学生的模仿而产生教育作用。学生生活在学校这个特定的社会环境之中，可能自觉地、有意识的影响别人，也可能不自觉地、无意识地影响别人，同时又接受别人影响。这种模仿或观察学习是学生的一种基本学习方法，也是学生学习知识和技能的一条捷径，更是学生思想品德形成和发展的重要途径。学校中教师的示范作用、显性课程中所包含的大量榜样教育因素都会对学生产生教育影响。学生在与同辈群体的交往过程中，由于其年龄、经历、性格特点、行为活动等各方面都有相似之处，所以，同学的行为常常更容易被他们理解和接受，也就更容易激发他们模仿和学习的兴趣。校园中的传播媒介也会对学生产生示范教育作用，比如校报、校广播电台等，提供了大量形象生动的模仿信息，这对于学生的认知结构、行为准则、道德品质、价值观念等都有很大的影响。所有这些非正规的学习，正是隐性思想政治教育课程所发挥的作用。

班杜拉关于观察学习的过程分析，有助于我们对模仿的作用机理的认识和把握。班杜拉认为，观察学习包含四个子过程：第一，注意过程。注意过程决定了个体在诸多榜样作用影响时有选择地观察哪些方面，观察者首先必须注意到榜样行为的明显特征，否则就不可能习得这一行为。第二，保持过程。经过注意阶段，观察者通常以符号的形式把榜样表现出来的行为保持在长时记忆中。班杜拉认为，保持过程主要依存于两个子系统，一个是表象系统，另一个是言语编码系统。第三，动作再现过程。它是指把符号的表象转换成适当的行为。一般而言，学习者是通过按照榜样行为方式组织自己的反应而达到行为再现的。第四，动机过程。社会学习理论对行为的习得和表现作了区分，习得的行为不一定都表现出来，学习者是否会表现出自己习得的行为，会受到强化的影响。

榜样的力量是无穷的。榜样教育法也是思想政治教育过程中常用的一种方法。所谓榜样教育法，就是指通过树立先进典型，以先进人物的先进思想、先进事迹为范例，教育人们提高思想认识、政治觉悟和道德品质的一种办法，进行榜样教育要深入调查研究，善于发现和选择不同方面、不同层次的具有代表性的先进典型，尽可能地请他们现身说法，从不同角度教育学生，增强说服力和感染力。比如，在就业指导中的思想道德教育，要注意发挥各界成功人士的榜样。发掘他们成功的思想道德根源，应用成功或者失败的案例，作为我们教育的素材。也可以邀请我们能够接触到的身边的成功人士进行现身说法，他们的语言更接近实际，感受更真实，对学生更加具有说服力和感召力。例如，可以邀一些毕业后在社会各行各业取得突出成就的校友返校，举办系列的"创业论坛""校友谈成功"或"谈学习，谈成材，谈择业，谈考研"等主题的报告会。通过校友的切身发展实际，用社会中的人和事，将他们的奋斗精神、创业精神，做人做事的道理生动地传达给校园中的学生。也可以邀请一些从事人力资源管理的主管人员为大学生谈谈他们在人才引进和人才管理方面的见解，告诉大学生什么样的人才是受欢迎的。例如，一位经理在给大学生作报告时说了这么一段话："今年，我从你们的学校招聘了一名学生，我最看中的是他回答出了一个我提的问题，我问他在学校学了些什么，他说他学会了做人、学会了做事、学会了吃苦、学会了创新。这正是我们想要的。"我们需要的就是讲诚信、讲奉献，能吃苦，有团队合作精神，有发展潜力，不断创新的学生。这位经理的话有力地教育了在校大学生，思想道德素质在职场中是多么的重要。

总之，模仿作为隐性思想政治教育课程施教的一种重要方式，有其一系列复杂的内部心理机制，通过这些内部心理机制的调控、选择、改造、引导等活动，使学生获得了大量的隐性思想政治教育课程的教育影响。

（四）认同

认同也是隐性思想政治教育课程影响学生的一种普遍性心理机制。一般而言，社会舆论作为一种无形力量，可以驱使人们遵从或认同集体规范。学校环境中的社会舆论作为隐性思想政治教育课程的一部分，通过学生的认同作用，影响其身心发展。所谓社会舆论，就是公众的意见与看法，是社会全体成员或大多数人的共同信念，也可以说是信息沟通后的一种共鸣。由此，就产生了团体规范，它作为一致性压力，促使人们认同或遵从。

认同作为一种重要的心理机制，在隐性思想政治教育的理论与实践中被广泛应用。皮亚杰从一种打弹子的男孩子的游戏中发现，人的思想道德素质的形成并非源于个体的自发性和权威灌输性，而是群体共同参与的自发性。"皮亚杰认为，同伴交往至关重要，因为他是道德参与的唯一合法的平等形式。"在皮亚杰看来，儿童在与同伴交往的过程中，通过广泛的相互协作来体会什么样的价值是自己需要遵从的，并在共同参与的社会实践中将这种意识内化为自己的价值观念。柯尔伯格在"公正团体法"中也十分强调同辈群体间的不成文的伙伴规则的影响力。柯尔伯格在1969年夏天参观以色列集体农庄后，进行了大量的实验，即运用隐性课程，通过建立一个公正的环境和氛围，采取直接民主管理，由学生来自己做出决定、自己执行。他发现，一个团体越公正，并能使所有的受教育者都参与其中，就越能够培养公正的社会人格。

总之，隐性思想政治教育课程对学生的影响有其特定的发生机制，主要是通过暗示、感染、模仿和认同等方式教育学生。

二、隐性思想政治教育课程开展过程中的接受机制

所谓接受，是指接受主体出于某种需要对接受客体的反映择取、理解、解释、整合、内化以及外化践行的过程。可见，接受过程是接受主体和接受客体双向建构、双向发展的过程，既是一个内化整合过程，又是一个外化践行的过程。学生对隐性思想政治教育课程信息的掌握与对显性思想政治教育课程信息的掌握不同，不是通过教师直接讲授进行的，而是通过其独特的接

受机制在暗默中进行的。

（一）主体接受机制

事实上，隐性思想政治教育课程对学生的影响离不开学生积极主动的主体活动。正如马克思所指出的，"人在革命活动中，在改变环境的同时也改变着自己"，"环境的改变和人的活动的一致，只能被看作是并合理地理解为革命的实践"。这就可以说明，学生在接受隐性思想政治教育课程影响的同时，也在主动地选择和加工隐性思想政治教育课程传递的信息。

隐性思想政治教育课程的接受作为一种文化传递现象，既是一种认识活动，又包含了实践的含义。如果把隐性思想政治教育课程信息作为一种客体，把学生看作是认识主体或接受主体，那么隐性思想政治教育课程的接受活动所反映的是认识主体与信息客体之间的相互关系，是一个由接受主体对外来隐性思想政治教育课程信息进行反映、选择、整合、内化、外化多环节构成的连续整体的特殊认识过程。

反映是指学生作为接受主体以其感知系统对外来的隐性思想政治教育课程信息造成的刺激所做出的反应。学生利用大脑皮层的感觉、视觉、触觉、听觉功能和反射整合机制将诸如校园物质环境、校园文化环境、人际关系等隐性思想政治教育课程所包含的信息移入脑之中，在有意或无意之中进行复制、编码和记忆活动，形成特定的印象和观念。这是学生接受隐性思想政治教育课程信息的前提条件。

选择就是接受主体即学生根据自身的体验和已经形成的主客观评价标准，对隐性思想政治教育课程中包含的经验进行判断、比较，鉴别其真、善、美，从而做出吸纳或排斥的过程。反映基础上的选择，体现了学生作为认识主体的能动性，是接受过程的关键环节。

整合就是学生对已吸纳的隐性思想政治教育课程信息进行归纳、整理。当外来的隐性思想政治教育课程与原有的认知结构思想品德结构中的观念体系相一致时，二者便发生契合，学生把隐性思想政治教育课程信息纳入已有的心理结构或经验结构之中，引起原有心理结构的变化，这种现象称之为同化。当隐性思想政治教育课程所传递的信息与学生原有的经验结构指向不同，其强度又足以使学生不能同化时，便迫使学生打破原有的经验结构界限，改变甚至重组原有的经验结构，使其适应隐性思想政治教育课程信息的要求。这种现象称之为顺应。所以，从本质上看，整合过程包含着建构和重构的双重含义。学生在学校环境的生活过程中，不断收到大量隐性思想政治教育课程的信息，这时学生就会力图用原有的经验结构去同化它，如果获得成功，原有的经验结构就得到巩固和强化，认识达到平衡，如果失败，就作出顺应，调整和建构新的经验结构去适应新的经验体系，直到重新达到认识上的平衡。

内化是学生通过多次反复的体验、熏陶，最终形成能指导其社会行为并相对稳定的主体意识的积淀过程。通过内化过程，学生原有的经验结构得到扩充、发展，并最终导致学生的身心发展，隐性思想政治教育课程也才产生了其应有的教育影响。

接受经过内化过程以后，最终要通过外化表现出来。但是，这种外化过程相对于前面各阶段而言往往具有一定的滞后性，且必须在一定的条件下才能发生，即提供了外在的刺激并经过接受主体的主观能动性努力形成动机才能产生外化的接受行为。

隐性思想政治教育课程的接受过程不是简单的刺激——反应过程，而要经过学生主体的反映、选择、整合、内化和外化一系列复杂的过程才能完成。学生在接受隐性思想政治教育课程教育影响的过程中也绝不是消极被动的，其主观能动性充分发挥着作用。如果我们忽视学生主观能动性的发挥，那我们就不可能利用隐性思想政治教育课程对学生进行富有实效的教育，也就不利于思想政治教育整体功能的发挥。总而言之，学生对隐性思想政治教育课程的接受，要经历反映、选择、整合、内化、外化这样一个认识活动过程。当然，这条认识路线也不是绝对的，也可能出现各种复杂的情况。

（二）外界影响机制

下面对影响隐性思想政治教育课程接受的因素进行分析。隐性思想政治教育课程的接受总是伴随着隐性思想政治教育课程的开展而发生作用的，并在诸种因素的综合作用和影响下实现。影响隐性思想政治教育课程接受的因素主要包括：教育者、接受主体、接受客体、接受媒介和接受环境。

教育者作为教育活动开展的主导者、设计者和实施者，对教育效果具有十分重要的影响。可以说，接受主体往往先接受教育者，然后才接受他们所传授的教育内容，教育者的人格形象直接影响接受主体对教育的信任度，所谓"亲其师，所以信其道"。而教育者在隐性思想政治教育课程的开展中又具有非同一般的地位和作用。隐性思想政治教育课程是一种不具备独立的学科形式而是附着、渗透、隐含在其他载体中的课程，其性质不明显、不直接、不暴露。隐性思想政治教育课程往往融于各科教学内容、教学环节及管理、服务环节之中，这样，隐性思想政治教育课程中的"教育者"是广义的。学校的所有教师、行政管理人员和服务人员都是教育者，只有教育者对道德规范躬身践行，创设民主、宽松、和谐的接受氛围，与接受者建立起平等、尊重、信任和融洽的关系，才能形成教书育人、管理育人、服务育人的良好局面，产生良好的接受效果。

接受主体是影响隐性思想政治教育课程接受的核心要素。在这里，要考虑以下两方面：第一，坚持实现个体价值和实现社会价值的统一，提高隐性思想政治教育课程接受的有效性。教育对象的需求是接受有效性的原动力。对隐性思想政治教育课程的接受是根据接受主体需求强度来确定的，是以自己的需要满足与否作为衡量和选择的标准的。只有当接受主体在心理上有一种强烈的愿望、需求，才能形成一种主动接受的态势。因此，隐性思想政治教育课程必须改变以往只是作为满足社会政治诉求的工具的状况，转向关心人、尊重人和理解人，坚持个人价值和社会价值的统一。第二，坚持教育者主导性与受教育者主体性的统一，提高隐性思想政治教育课程接受的自觉性。

接受客体即教育内容，也就是隐性思想政治教育课程所要传播的信息。隐性思想政治教育课程作为一种课程形式，虽然不在学校正式课程表之内，但它并不是一种不可控制的、不能计划的影响学生成长的自然因素，而是经过教育者有意识、有目的地进行开发设计的课程。教育者在选择、组织教育内容时，要充分考虑到被存在主义哲学家海德格尔称之为"前结构"的东西，即接受主体已有的认知结构、思维习惯、价值观念、道德品质和行为倾向，这些直接影响他们对教育内容的选择和接受。另外，从价值性上来讲，教育内容要反映社会发展和人自身发展的双重要求，能够满足接受者求真求善的精神需求，能够帮助他们更好地适应社会和发展自己。

接受环境有宏观环境和微观环境之分，宏观环境指整个社会环境，包括政治的、经济的、文化的和心理的环境，微观环境指对人的思想观念、情绪态度、行为习惯等具有直接影响的工作环境和生活环境。环境不仅是隐性思想政治教育课程的重要构成要素之一，也是影响隐性思想政治教育课程接受效果的重要因素。宏观环境包括校园周边环境、家庭环境和社会大环境。校园周边环境是学生每天必须接触的环境，对学生产生的影响与校园环境几乎没有什么不同。因此，要把校园周边环境纳入隐性思想政治教育课程资源，进行改造、利用。家庭是隐性思想政治教育课程必须关注的又一重要环境。家庭环境对于学生思想政治素养的形成具有举足轻重的作用，家长的一言一行无不对子女产生直接的影响。因此学校构建起与家长联系的网络，适当对家长进行一些教育方法的指导和帮助。社会大环境对学生的影响最大。有人说，学生在学校五天，在社会两天，思想政治教育效果变成零。甚至有人说，校内十年功，抵不过校外三分钟。这些说法虽然有些偏激和夸张，但却说明了社会不良现象对学校思想政治教育效果的危害性。因此，要把社会环境纳入隐性思想政治教育课程体系。

第二节 教育者与隐性思想政治教育课程的开展

中共中央、国务院《关于进一步加强和改进大学生思想政治教育的意见》中指出，思想政治教育工作队伍是加强和改进大学生思想政治教育的组织保证。因我国过去偏重于智力发展方面的显性课程，而不注重情感培养等非智力因素的课程，德育人文关怀不足，队伍素质也存在这方面的缺陷。教育者的素质对于学生的学习过程而言相当重要，尤其是对那些非预期的生活经验的学习，更需要教育者具备较高的素质，施以积极的影响。

一、教育者的素质

学校的教师和行政管理人员都是隐性思想政治教育课程中的教育者，他们的政治态度、道德品质和生活方式会对学生的政治观、道德观、人生观产生重要的影响。鉴于教育者的示范作用所具有的重要的渗透意义，学校要对教师进行有计划的培训，以提高教育者的整体素质。教育者在隐性思想政治教育课程开展中所具有的意义，表现在以下几个方面：

（一）教育者以自身的品德与学识影响受教育者

隐性思想政治教育课程的作用方式之一就是通过教育者的榜样示范起作用的。学生都具有向师性，在学生的心目中，教师的形象是高大的，教师的职业是崇高的，是最直观的最有意义的模范，是学生最鲜活的榜样。教师渊博的知识、高尚的品德、严谨的治学态度、俭朴的生活方式等榜样示范，不仅可以增强学生的可信性和感染性，而且能像春雨润物般起着细微的、不易被人察觉的作用，通过耳濡目染、潜移默化使学生产生学习和模仿教师的一种意向，从而自觉地以教师为榜样，"亲其师"所以"信其道"，产生出一种热爱祖国、热爱人民、刻苦学习的高尚情感。这种潜在的力量不是一朝一夕之功，而是教育者的思想行为、自身素质长期积聚的结果。

在教育者的榜样作用中，教育者自身的道德品质状况是至关重要的。美国教育部部长威廉·贝尔特曾说过，教师和校长必须引导学生树立崇高的理想和信念，他们自己更应该严于律己，做学生的表率，如果教育者不是一个具有高尚道德品质的人，就不可能对学生进行良好的道德品质教育。为此，美国教育界对教师提出了严格的甚至是苛刻的政治与道德标准。美国社会普遍认为教师应首先成为"民主社会的好公民"，他们应具备以下条件：渊博的知识、独立思考的能力、强烈的社会责任感、对美国生活方式的忠诚及健康的体魄等。他们认为只有具备了这些条件的人,才有资格去面对美国的下一代。社会主义市场经济体制在我国确立之后,思想政治教育面临着许多新情况、新问题。在此背景下,教育者自身的政治与道德水平的高低直接制约着他们对受教育者进行思想政治教育的水平,这一点已渐为各级领导和普通百姓所关注。人们普遍认为,教育者首先必须具有较高的政治理论素养、对共产主义的信念和从事思想政治教育的基本能力。这些是教育者向学生释放有效能量、使之接受并学习的前提条件。同时,由于受教育者的复杂性,他们的文化素质与文化需求不断提高,这就要求教育者在具备必需的理论素养的同时,还必须不断提升自己的业务专业素养,使教育者与受教育者有更多双方都感兴趣的对话空间,只有通过交流,才能将自己的意识与主张渗透到受教育者的心中。

理论与知识素养的不断提升,久而久之会形成一种独特的教师人格魅力,人格魅力的辐射作用能够迅速拉近教育者与受教育者之间的距离,其"光环效应"会使道德教育变得更为简单、更为有效。美国著名教育学家杜威曾经说过:教师就是通过自己的人格来影响学生的人格的,而且这种影响不是短暂的,它会一直延续到学生的成人生活中。对此,党和国家领导人同志在第三次全国教育工作会议上的讲话也一针见血地指出:"教师是学生增长知识和思想进步的导师,一言一行,都会对学生产生影响,一定要在思想政治上、道德品质上、学识学风上,全面以身作则,自觉率先垂范,这样才能真正为人师表。"

（二）教育者以自身的举止与仪表感染受教育者

在隐性思想政治教育课程的开展过程中,教育者对学生的情感起很大的作用,而教育者的情感往往又是通过目光、手势和态度体现出来。如果学生接受了这种情感信息,就会在心中激起层层浪花,并在反馈过程中结成果实。如果我们的教育者经常在日常的学习生活中,以温和的态度对待学生,学生就会产生信任感。曾有一位学生在日记中这样来描写这种感受:"我喜欢老师的目光,她时刻温暖我的心房,每当我在黑暗中彷徨时,她就像灯塔照亮我前进的航向。"说明了这位学生从老师那里得到了力量,这也正是隐性思想政治教育课程的效果。由此可知,教育者的言谈举止、仪表风度会对学生产生很大的影响。

我国教育界对教师内蕴素质的不断提升,无论从他律还是从自律的意义上都给予了足够的重视,这一点无疑是正确的。然而,教与学的双方都是具有能动性的感性的人，受教育者渴望在教学过程中获得知识的理性魅力的熏陶，获得提升思想境界的反思能力。与此同时，我们也决不能忽略的是，作为感性存在的有机体对于教育者主体外在仪表与行为举止审美的合理性和必然性。教与学双方最初的吸引无法是内蕴的素质，内蕴的素质的吸引是深沉的、持久的，但它需要时间的凝练，因而双方最初的契约是彼此外在行为举止与礼仪的修养。在教育过程中，教育者文明和谐、符合职业要求和礼仪规范的行为举止，大方得体的衣着，亲切和蔼的谈吐等，既能塑造教育者的端庄、自信、魅力，又能体现教师勤奋、严谨的治学态度和积极向上的精神风貌，这样的状态无形中便能产生较强的亲和力。而衣着随便、不修边幅或过于前卫的衣着、粗俗的语言，就很难使学生产生信任的感觉，无形中教与学双方形成了离散力。在高校中，有的学生不喜欢某门课程的原因并不在于课程本身，很多时候他们是由于不喜欢这门课程的任课教师而导致的。大学生已经形成了基本的审美观和判断是非的能力，教师的言谈举止和形象仪表会使他们产生认同或反感的心理倾向。有位学生曾这样评价过自己的一位教师："老师着装得体、言谈举止大方、性格开朗热情，真诚地对待每一位学生；走上讲台带着真诚的微笑，吐字清晰，用词准确，嗓音洪亮，声情并茂，他征服了我们每一位学生，我体会到了一种为人师表的特征的美。"某大学的学生在教学评价会上，对老师提出的意见和要求是：希望老师讲课要面容和蔼，常常微笑，注意服饰整洁。由此可知，教育者的一言一行、仪表风度都传递着他们的思想、性格、品德、情感，从而对学生产生熏陶和感染作用。为避免教育者主体与受教育者主体的对峙与分离，教育者不仅要提升自己的内在素质，张扬理论本身的理性魅力，同时还应该注意外在仪表形象、行为举止的亲和力，乐观宜人的外在形象，在最初接触的一刹那，迅速地拉近与学生的距离，使思想政治教育变得容易、有效。

（三）建立良好的师生关系以形成双方的情感互动

师生关系是教育过程中最重要、最基本、最活跃的人际关系。良好的师生关系对于学生优良品德的养成、学业的提高、智能的培养，以及促进其身心和个性的全面和谐的发展都具有极大的意义。

20世纪以来西方教育哲学中对于师生关系的论述，有不少是值得我们关注、反思并汲取营养的。美国的杜威认为应当去除以教师为核心的独断性教育，教与学应是一个和谐的过程，"教师与学生愈不觉得一方面是在那里教，那么所得的结论愈好。"美国的另一位教育家布拉梅尔德认为，教师对学生所灌输的东西，不能强迫学生接受自己的理论，而应该允许他们进行辩论，在辩论中由学生自己决定是否接受教师灌输的理论。20世纪50年代后，存在主义教育学对教育过程中的师生关系有了进一步的发展和论述，他们认为教师与学生之间的关系应当体现为相互人格的尊重，是两个自由的个性之间的相互信任，教师与学生间的关系应当是"我"和"你"，而不是"我"和"物"之间的关系。在存在主义教育学家的眼里，教师是一个帮助学生走向自我实现的人，他促使学生进行思考，自己从中找到答案。较之存在主义教育思想稍晚一些时候形成的人本主义教育思想认为，在教育过程中，教师应该按照学生的心理需要来正确激发他们的学习动机和成功动机，使外部的教育要求化为学生内部的自我需要，从而激发出教与学双方的自我创造力。西方学者关于师生关系的颇多论述，对于我国确立新型的21世纪师生关系具有一定的启迪价值。从教育实践角度讲，和谐的师生关系是实现教育目的的重要前提和基础。和谐的师生关系易于建立一个师生"同欢共悲"的情感场，学生愿意甚至渴望在教学过程中努力去识别教师的情感和理性，同时也会在自己的内心深处激起同构的心理体验和理性反思。这种教学过程中师生间的相互感应、相互激荡而形成的教学共鸣状态，会使教育过程产生事半功倍的效果。我们在感叹思想政治教育艰难的今天，能否从这一角度去解读一下形成我们缺憾的原因呢？我们认为新型和谐的师生关系应该具有民主与平等、尊重与信任、理解与合作等基本特征。只有让学生感到自己的老师是一个实实在在与自己平等的人，是一个自己可以信任的朋友时，才能缩短师生之间的距离，消除心理隔阂，才能形成教育过程的人际交往互动，形成一种相容的心理氛围；也只有在这种氛围中，教师对学生所进行的道德教育才能被学生所接纳、内化，思想政治教育才能摆脱困境。

二、必要的准备

（一）提高教育者素质方面

首先，教育者应具有良好的思想政治修养。教育者的思想品德和行为方式具有潜移默化的作用，它在无形中熏陶和感染着学生。因此，强调教育者的道德品质、道德情操以及道德规范是十分必要的。为人师表，就是要求教育者在教育工作中勤勤恳恳、认真负责、一丝不苟；在品德上言行一致、表里如一、富有正义感；在思想修养上谦虚谨慎、正确对待工作中的成绩和失误。这样才能称得上是为人师表。其次，教育者应教书育人。每个教育者都应该充分认识到既教书又育人是教育者的天职，责无旁贷、义不容辞，并在教育工作中身体力行。在教学中必须遵循传授知识与思想政治教育相统一的规律，体现科学性和思想性相统一的原则，要以马克思主义基本理论为指导，深入钻研教材。在备课时深入挖掘教材的思想内涵，在课堂教学中充分发挥教材内在的思想教育功能，使思想政治教育寓于教学之中，把教书与育人有机统一起来。再次，应培养教育者广泛的兴趣爱好。教育者不仅应有扎实的科学文化知识，还应有广泛的兴趣爱好，这样在传授知识的同时，还可以给学生以思想道德方面的启迪和美的享受，融真、善、美于一体。从而在思想政治教育中避免枯燥的说教，使学生在学习文化知识中懂得人生的真谛，从文学艺术的形象中获得艺术的感染和思想的启迪。

（二）师生关系方面

首先，努力满足学生的求知需要，学生有着强烈的求知欲。在课堂教学中授课教师面对浩瀚的知识应该进行精选和凝练，使之条理化、系统化，使学生容易消化和接受，从而激发学生的学习兴趣和探求知识的欲望，使学生能牢固的掌握知识，并在实践中进行创造性的应用。其次，充分尊重学生的意愿、爱好和特长，在对待学生缺点错误时，既不失原则，又要以理服人，循循善诱，有的放矢地进行教育。帮助学生克服学习中的困难，化解生活中的困惑和矛盾，增强学生对教师的信任感和尊重感，达到感情上的融洽。在彼此信赖、尊重中把真挚的爱倾注在学生身上，用自己的心血哺育学生。在学生有了成绩时，教师要激励他们再接再厉；在学生遇到困难时，教师要激励他们克服困难，勇往直前。

第三节 因人制宜与隐性思想政治教育课程的开展

因人制宜是孔子"因材施教"思想的现代化，也就是根据现代青年学生的特点和资质，施以相应的教育，把他们培养成为德、智、体、美全面发展的，适应现代社会需要的有用之才。从这个意义上讲，因人制宜的根本目的在于充分发挥人的潜能，提高人的整体素质，使不同个性的人都得到发展。

因人制宜的思想政治教育充分体现了师生互动。因为只有在教师已经充分了解了学生的各方面情况才能做到因人制宜。只有互动的师生关系，才有可能达到全面的了解。同时，因人制宜也体现了对个体差异的尊重。不同个体具有不同的思想状况和道德水平，只有认识并尊重这种差异的存在，才能冲破思想政治教育实效性低的樊篱。

隐性思想政治教育课程有利于实现因人制宜的思想政治教育，是因为隐性思想政治教育课程可以打破班级授课制的限制，在设计隐性思想政治教育课程的时候充分考虑个体差异，在主题的选取、方式的选择等方面具有较大的灵活性。

一、贫困学生

高校贫困生是指那些在校期间生活支出低于城市最低生活保障线，或学生在校由于家庭经济困难，支付教育费用比较困难或基本生活费得不到保障的大学生。贫困生中还有部分特别困难的大学生即特困生。所谓特困生是指那些在校期间因家庭经济困难而无力支付教育费用和最低生活费的学生。

贫困学生在思想、心理方面存在许多共性：第一，严重的自卑心理。贫困大学生不但普遍承受着相对贫困的压力，而且大多遭受着严重自卑的心理煎熬。很多贫困学生认为贫困使他们非常自卑，内心充满愤懑、抑郁和痛苦。他们既要强又敏感，部分贫困生有意见不敢表达，给学习和生活带来一种无形的心理负担。还有不少贫困生宁可忍受贫困，也不愿意接受困难补助。如果这种自卑心理长期存在，就可能导致大学生缺乏学习的热情，甚至丧失生活的勇气。第二，适应环境能力较差。能够适应环境是心理健康的重要标准之一。从中学走入大学，多数学生经过一段时间的调适，基本上能够适应新的环境。但贫困学生群体完成这个转变的时间相对过长，有的甚至不能顺利完成这个转变，不能适应新的环境，最终选择了逃避。在这种情况下，他们思想苦闷、精神压抑，无法进行正常的学习和生活。第三，思想不稳定、情绪波动大。美国著名心理学家马斯洛指出，能适当宣泄情绪和控制情绪是一个人心理健康的标志之一。与其他学生比，内心世界的极度不稳定是贫困学生群体的一大特点。当这种不稳定情绪超过常态而又找不到宣泄的适当方式和途径时，贫困学生群体极易产生脆弱和敏感心理。第四，对社会可能存在偏见。由于不能正确看待贫富之间的差距及根源，从而对社会产生怀疑甚至敌视。许多贫困学生的社会公平感严重失衡，认为社会上存在极大的不公平，有的人可以生来就吃得好穿得好，而自己只能勉强果腹、只能穿旧衣服；认为人生充满了艰难，处处都存在着不安全感。一名贫困生在问卷调查中写道："我觉得老天不公，为什么要把我生下来，而又不生在一个好人家。"一些贫困学生因此逐渐失去与命运抗争的勇气，就此"破罐子破摔"，有些甚至走向违法犯罪。

导致贫困学生思想、心理问题的原因是多方面的，但目前的教育培养模式是其中的重要原因之一。学校不仅要传授知识，而且要培养学生健康的人格和心理。学生首先要"成人"，然后才谈得上"成才"。目前，我国从学前教育到大学教育都过于重视学生知识的积累，而对学生的身心健康关注不够，成绩几乎成了评价一个学生优秀与否的唯一标准。近年来，城乡差距不断加大，为了跳出农门，一些农村学校的学生只关心学习成绩，加之经济条件的制约，一些农村中小学根本不可能培养学生的综合素质，学生的个性缺乏充分发展，除了学习能力外，其他方面的能力一般比较薄弱，而在大学里，评价学生的标准是多元的，很多来自偏远农村的学生进入大学后感觉自己各方面都较差，逐渐变得自卑、敏感、脆弱和封闭。

在隐性思想政治教育课程开展的过程中，要充分考虑到贫困学生这一弱势学生群体，加强对贫困学生的人文关怀和精神资助，帮助贫困学生尽快走出心理阴影。第一，在加大对贫困学生物质资助的同时，注重能力的提高。高校除了不断健全助学体系，建立"以勤工助学为主导，国家助学贷款为主体，奖、贷、勤、补、免五位一体，校院两级联动助学"的资助体系，给予贫困学生以物质资助外，还可以通过组织培训、心理咨询和创办社团等方式，提高贫困学生的能力，并引导贫困学生通过多种途径参加社会活动，提高服务社会的能力，使他们逐渐做到自信、自强。第二，营造勤俭节约的消费环境。目前，我国基尼系数已突破国际公认的 0.4 的贫富差距警戒线。这种贫困悬殊现象在高校也有比较明显的表现，大学生中的富家子弟生活奢华，穷学生则衣食难继，对比强烈。在这种社会大背景下，要注意引导大学生的消费意向和消费行为，优化校园环境。对大学生消费意向和消费行为加以正确引导，弘扬勤俭节约的优良传统，抵制和克服超前消费、盲目攀比等各种不良风气，创造积极向上的校园环境。第三，给予贫困学生群体更多的人文关怀。与其他学生相比，要对贫困学生群体倾注更多的情感，用爱心和关怀走进他们的精神世界，贴近他们的思想实际和心理特点帮助他们保持积极向上、勇于进取的精神状态。俗语道，扶贫贵在扶志，扶志贵在明德。扶志就是要引导弱者正视困难，培养自强自立精神。明德就是要帮助弱者树立乐观向上、回馈社会的思想意识。对于贫困学生，就要把扶志与明德结合起来，才能达到预期效果。

对贫困生的培养，人文关怀是基础，完善奖、贷、助、补、减、捐的资助体系是关键，政府是主导，高校是主要载体，全社会广泛参与格局正在构建形成之中。从 2004 年国家重新招标，确定中国银行承担国家助学贷款工作以来，按新机制运行，教育部多次公开批评了七个不积极行动的省，现在运行情况总体良好。已审批发放国家助学贷款 200 多亿元。抓的力度大、工作先进、受到表彰和奖励的省有十个，湖北省位居第一。值得推广的还有生源地助学贷款。有的学校建立了"爱心超市"，给贫困生发爱心卡，可到超市选购所需学习、生活用品；有的爱心超市由贫困生自己经营管理。

二、精英学生

"精英学生"是习惯意义上的好学生，这些学生有明确的政治信仰和理想追求，对共产党的领导坚信不疑，对建设中国特色社会主义充满信心；学习目的正确，学习热情高昂，有为祖国社会主义现代化建设而刻苦学习的意识和动力；富于热情，不乏理智，能够冷静、客观地看待社会发展和社会现象，具有一定思想深度。

这些人是学生中的中坚力量。精英学生的特点是：

第一，上进、肯干、能干，荣誉感强。精英学生的主体价值意识更趋强烈，更加注重个人自我能力的实现，愿意尝试各种机会和竞争，并在竞争中实现自己的价值。他们追求进步，扎实肯干，充分利用一切时间、一切机会挖掘自己的潜能。精英学生大多有某方面的特长，兴趣爱好广泛，经常获得文艺、体育、社团等各种活动的奖项，是多才多艺的校园明星。有的精英学生身兼数职，负责各种活动的组织和策划，是所在院系的中坚力量。

第二，自信、认真、乐群，责任感强。精英学生往往比。一般学生更加自信，作为大学生中的佼佼者，他们有更加积极的心态，更加愿意施展自己的才华，在具体事务和社会活动中比一般学生更加积极主动。精英学生的乐群性也比较高，他们大多热情外向、喜欢与别人合作，有很强的交往愿望和乐群倾向，更加积极地参加或组织各种集体活动。而且，精英学生通常具有较高的社会责任感，做事比一般学生更认真负责，做事更有耐心、细心，原则性、规范性更强。他们在各方面都严格要求自己，是老师和同学值得信赖的人。

第三，勤奋、好学、守纪，自律性强。从学习成绩看，精英学生的学习成绩往往高于一般学生。他们往往勤奋好学，有较强的求知欲，且知识面比较广。从组织纪律观念看，精英学生的自律性比较强，有较强的自我约束能力。

第四，宽容、热心、助人，凝聚力强。大多数精英学生都具有广泛的群众基础和良好的口碑，能够与老师和同学融洽相处，能做到宽容理解、平等合作、真诚相待。精英学生大多热心于集体的建设，对集体活动相当热情，不参加集体活动的人极少。在各项集体活动中，精英学生总是充当集体活动的组织者或积极的拥护者。他们有很强的集体荣誉感，以主人翁的身份自居，在需要的时候挺身而出，是集体活动不可缺少的主力军，是集体的主要凝聚力量。

（一）精英学生存在的问题

第一，以过分追求完美为个性特征。生活中很多人都有追求完美的倾向。从某种意义上说，追求完美是一个人上进心强、严格要求自己的表现。然而，追求完美一旦成为一个人的生活教条，成为一种不可变通的唯一标准，那势必会给人带来无尽的烦恼和困惑。因为完美总是相对的，而不完美才是绝对的。如果一个人总是用完美的尺度去衡量自己，衡量他人，衡量周围的环境，衡量生活中的一切，那么注定要生活在失望和痛苦之中。这种追求完美的倾向在精英学生身上表现得非常明显和普遍，已成为他们明显的个性特征。这种追求完美的倾向一方面表现为对自己的期望过高、要求过高，总是要求自己把什么事情都做得尽善尽美，不能有一点疏漏。于是在行为上表现得极为认真，追求细节，甚至非常刻板，他们总希望自己在各方面都很优秀，不能接受自己某一方面比别人逊色，因此处处表现得争强好胜，只要是能证明自己比别人优秀的事情，事无巨细，事事参加，而较少考虑自己的特长、兴趣、时间和精力等，经常把时间浪费在毫无意义的竞争上。结果导致为了追求所谓的"优秀"而失去目标，反倒陷于平庸。追求完美的倾向另一方面表现为精英学生对他人和对环境的期望过高，这种个性特征容易导致对生活的不满和与周围人难以相处。他们不能接受正常的生活环境和现象，不是抱怨周围同学素质低，就是抱怨环境、设施不尽如人意，可以说，他们在任何一个环境中体验到的多是不满和不快，很少有幸福感和快乐感。

第二，功利思想严重，以追逐名利为人际特征。精英学生通常功利思想比较严重，他们为了在综合测评中取得高分而努力学习、勤奋工作、与同学们友好相处和参加各种活动。他们为了考试成绩而学习，为了在老师和同学中树立好的形象而努力工作，为了获得综合测评中的加分而参加各项集体活动，一旦自己的目标实现以后，则对一切都漠不关心。"学生干部的告退现象"就是很好的例证。精英学生之间还存在"钩心斗角"现象。同学之间为了所谓的名利明争暗斗，互不相让，互不认同，这种不良竞争造成不同程度的人际关系紧张。在学习方面，过分关注对日后就业有用的科目，盲目考取各级各类证书。

第三，目标不明确，缺乏指导，难以有更大的发展空间。精英学生通常在工作和学习的天平中徘徊，两者都不想放弃却又不能兼顾。在学习方面，尽管精英学生学习态度认真、学习能力较强，能在综合测评中取得较好名次，但在深入研究专业课程方面却不是做得最好的。平时不注意广泛涉猎、深入学习，只注意书本知识或考试知识的学习，而不注意知识面的扩展，甚至"临阵磨枪"。所以，虽然能得高分，却学得不精、不深、不广。精英学生中的学生干部往往因为繁重的社会工作使得他们不能投入更多的时间到学习中去，加上他们错误地认为工作能力的培养在今后的人生道路上特别是在择业过程中起着更重要的作用，于是把学生工作置于超越专业学习的地位，投入大量的时间和精力在工作上，甚至为了工作而旷课，严重影响了专业课程的学习。在工作方面，精英学生虽然能较好完成各项工作，但是缺乏正确的指导和更专业化的培训，使得精英学生缺乏较科学的领导技能和理论修养，在学生管理工作上的发展空间有限。在刻苦学习和努力工作之间的左右摇摆，使有的同学因为工作耽误了学习，有的同学因为学习而没有做好工作。

（二）几点对策

第一，开展心理健康教育，关注精英学生。教育部思政司杨振斌司长指出，心理健康教育本质上仍是思想政治教育。如果一个集体平时思想政治教育工作好，集体氛围好，心理问题就会少得多。将此项工作纳入大学生思想政治教育体系，是为了帮助大学生培养良好的心理素质。为此，各高校应普遍开设心理健康教育课，并积极开展心理咨询工作，坚持心理健康教育与思想政治教育相结合，构建和完善心理健康教育体系。在实践工作中，应该进一步拓展心理咨询的对象，不仅要关注那些有心理障碍的非精英学生，更要关注精英学生的心理健康发展问题。不仅要为他们所取得的成绩感到自豪，更要关注他们成功后面的深层次问题。可以通过开展心理咨询，减轻他们的心理压力，在此基础上，帮助精英学生正确客观地认识自我，化解矛盾冲突，准确定位自己，使他们能更加健康地成长。

第二，制定科学、合理的制度，引导精英学生。首先，奖罚制度合理化。对精英学生的奖励和惩罚要注意结合专业实际、思想实际，要和他们密切关注的事物及利益联系。学校应尽量使各种奖励成为精英学生前进的动力和成功路上的灯塔，而不是成为他们发挥特长的束缚，或成为他们花大部分时间和精力去追逐的"名利"。其次，评价制度多元化。学校对学生的评价应该更加多元化，肯定精英学生在各方面的长处，发现他们的特长，鼓励他们扬长避短，把时间和精力花在最值得花的地方，而不是疲于应付各种不必要却能提高综合测评排名的活动。与此同时，也应该鼓励精英学生之间的相互竞争。精英学生之间能力相当，鼓励他们之间的竞争，既可以增加危机感，促进他们的进步并形成较为客观的自我意识，又可以使精英学生把精力集中在某一方面。

第三，开展各类学术活动和培训，提供进一步的学习平台。因人制宜的隐性德育课程应该关注精英学生群体在学习方面的需要，如果条件允许，为他们配备相应的指导教师，指导他们制订学习计划、选择专业和选择课程，对他们的发展方向提出建议，指导他们完成课程论文、社会调查等，鼓励和指导他们参加科研工作，提高他们的专业兴趣，培养他们的科研意识、科学精神和自主创新精神。另一方面，高校应有计划地对精英学生进行培训，内容可以有理论学习、参观访问交流、素质拓展等，让他们在学习中掌握更系统的管理理论，在培训中价值观念得到升华。

三、问题学生

对问题学生的思想政治教育一直是困扰教育工作者的难题，这主要因为问题学生虽然数量少，但其影响面广，教师在他们身上投入的工作量大，但教育效果却相对不理想。与此同时我们也看到了科技进步给社会带来的负面影响，这些负面影响对整个社会尤其对涉世不深的青年学生冲击很大，甚至一些人坠入违法犯罪的泥潭。为此，在隐性思想政治教育课程开展的过程中，我们在关注全体学生教育的同时，还应倍加关心学生中的特殊群体——问题学生。

（一）问题学生的个性特征

这里谈的问题学生是指不能严格规范自身日常行为，漠视校规校纪，法制观念淡薄，是非观念不强，并曾因为某种原因受到过学校各类批评或处分的学生。这些学生在学生整体中虽只占少数，但因为问题学生行为危害性大，影响面广，并具有一定程度的蔓延作用，所以，如果忽视这个特殊群体的思想政治教育，学校整体教育效果就会受到严重影响。与此同时，不及时帮助教育问题学生纠正他们的不良行为，就会使他们的问题不断扩大。而他们品德的不断下滑，也会成为社会秩序的不安定因素，严重者将会成为违法犯罪的前奏。因此，我们必须正确分析这些学生的心理特点和发展规律，研究不良品德形成的外部诱因和内在因素，探索矫正不良品德的心理依据和有效措施。

第一，自信心不足。通常问题学生在中学时的成绩和表现都相对较差，在学校中属于经常遭批评受冷落的对象。长期生活在那样的氛围中，得不到老师的重视、同学的尊重和家长的关爱，使他们对学习和各种活动都失去了信心，自信心严重缺乏。这样就使得这些学生意识不到自己的长处，没有表现自己的欲望，甚至失去了与家长和老师正常交流沟通的愿望，最后导致个性上的自我封闭和能力上的停滞不前甚至倒退。

第二，自尊心强烈。特定的年龄段决定了他们在个性上的敏感和脆弱，而问题学生的特殊身份又使得他们的自尊心特别强烈。一般说来，自尊心强烈应该是一种积极的心理，但如果片面自尊却不尊重他人，以自尊掩饰自卑，必然带来负面效应。对于问题学生而言，尚未定型的个性品质和受到压抑的心理环境使他们的强烈的自尊心表现为两个极端：一是以退为攻，以表面的麻木不仁和万事无所谓的姿态来掩饰自己的心理；二是以攻为守，以一副神圣不可侵犯以及一触即发的姿态来掩饰自己的心理。从后果上分析，前者主要危害自己的心理健康，后者有时候会危及他人的身心健康，两者同样不容忽视。这种强烈而又脆弱的自尊心一旦受到伤害，就极容易产生逆反心理，导致过激行为。

第三，上进心缺乏。上进心是指一种积极向上、追求进步的心理特征。学生有了强烈的上进心，才会有学习的积极性和接受教育的自觉性。由于缺乏上进心，问题学生往往学习目的不明确，对学习不感兴趣；思想不求上进，得过且过，不少人开始追求享乐，爱慕虚荣，行为上出现偏差，甚至背离了正常的社会道德规范。

第四，自律性不强。所谓自律，是指根据自己的道德价值观和道德思维，为自己立法，并按自己的意志和立法去行动。自律使人自觉选择道德行为，纠正不良道德动机。德育应该培养学生在个体道德生活和社会道德生活中学会自律。然而，由于受自我评价障碍、意志薄弱、人格障碍和挫折心理等因素的影响，问题学生的自律能力往往表现得令人担忧。问题学生往往习惯于"他律"，一旦处于无人约束的状态，他们就会表现得很放纵，甚至不计后果。

（二）问题学生产生的原因

第一，社会的影响。经历了20多年的改革开放，我国社会经济发展很快，市场繁荣，物价稳定，人民生活水平显著提高，人们的思想观念也有了很大进步，从传统的封闭的观念向现代的开放的观念转变。然而，由于我国目前正处于社会的转型期，产生了许多新情况新问题，如经济成分多样化、利益主体多样化、社会生活方式多样化、思想观念和价值取向多样化，尤其是网络技术的广泛普及，享乐主义拜金主义等个人价值观，都严重影响青少年学生的成长。面对错综复杂的社会现象，缺乏判断力的学生难以把握自己，导致心灵蒙受伤害，以至形成不良行为。遍及学校周围的网吧，使不少青年学生成为网瘾的受害者。

第二，家庭的影响。家庭是学生接受良好品德教育的启蒙学校，父母是子女的第一任教师，父母的一言一行都潜移默化的影响着子女品德的形成。所以，家庭的不良教育和环境中的某些不良因素也是学生形成不良行为的一个重要原因。家庭稳定性的改变、父母离异和破损家庭的增多，独生子女现象所产生的负面影响，以及过分的溺爱等，都会对孩子产生不良影响。

第三，学校的影响。学生的良好行为习惯主要通过学校教育来培养，但有些学校或教育者面对行为不良的问题学生，没有正确的教育思想和教育措施，造成施教不利，使得一些学生的不良行为逐渐蔓延和恶化。比如，个别教师对有不良行为的学生采取讽刺、挖苦、斥责的态度，使学生产生逆反心理，加速不良行为的恶化。还有，为了甩掉"包袱"，一些学校不顾学生的前途和对社会的责任，将其抛向社会，给受教育者和社会带来严重的影响和极大的隐患。

第四，青少年的身心发展特征。高中前后，青少年的心理和思想正在迅速走向成熟但又未完全成熟，既希望独立，又有很强的依赖性，挫折承受力弱，一点点小事都可能引起很大的情绪波动。同时，由于知识经验的扩展和加深，青春期的学生开始用批判的眼光来看待周围的事物。他们不再满足于老师简单的说教和书本上的现成的理论，总喜欢猎奇，喜欢从反面思考问题。同时他们这种思维的批判性还很不成熟，容易产生固执偏激的不良倾向。这种不良倾向表现到一定程度，在家长和老师的眼里就成了问题学生。而家长和老师对问题学生采取过度关怀或歧视的态度，会使问题学生表现得更为另类。

（三）隐性思想政治教育课程开展中的对策

1. 优化环境

首先，要优化校园环境，抓好学校的主阵地建设。学生的大部分时间是在学校里度过的，校园环境的好坏直接影响到他们的成长。对于问题学生，教师首先不能戴着有色眼镜去看他们，不能歧视或者讨厌他们，更不能掩饰问题避重就轻，抱着熟视无睹的心态，而应该在充满爱心的前提下，以教育和挽救为目的，经常主动地与他们交心谈心，指出他们身上存在的问题，正确地加以引导。问题学生出现了违纪违规行为，学校应该运用恰当的方法及时进行批评教育，而不是简单的处分甚至开除，把学生推向社会。问题学生有了进步，学校更应该及时发现并予以表扬，用荣誉激励他们不断进步。此外，还要经常采用参观、访问、听讲座、看警示片、看宣传片等方式对他们进行生动的教育，避免自上而下的直接说教使学生产生逆反心理，让他们在活动中得到提高。

其次，要优化家庭环境，发挥家庭教育的辅助作用。一般说来，问题学生在家里的表现也不会令人满意，因此，家长要积极主动地配合学校共同做好孩子的教育工作。因此，对于问题学生，学校应该建立一对一的家校联系制度，发现问题双方及时沟通，共同探讨对策。另外，学校还要承担对部分家长的说服教育工作。部分问题学生的家长素质比较低，学校应该委婉地指出他们的行为给孩子带来的不良影响，帮他们改进原来不恰当的教育方法，努力为问题学生营造一个温暖健康的家庭环境。

再次，要净化文化环境，充分利用社会资源。2004 年 2 月，中共中央、国务院发出《关于进一步加强和改进未成年人思想道德建设的若干意见》，为未成年人的思想道德建设指明了方向。当前，各级宣传、教育部门都在积极贯彻和落实相关的规定和要求，努力为未成年人提供健康有益的精神食粮。有关执法部门正在切实担当起未成年人思想道德教育的职责，深入持久地开展"扫黄""打非"工作，加大对文化市场的监管力度，坚决查处传播淫秽、色情、凶杀、暴力、封建迷信和伪科学的文化产品；在进一步加强互联网上网服务营业场所的专项整治，实行网吧实名登记制度，严厉查处违法接纳未成年人的网吧，特别加大了对"黑网吧"的打击力度；加大对距离学校不足200 米的娱乐场所的综合治理力度，确保学校教育活动的正常开展。所有这些，都为隐性德育课程的开展、为问题学生的德育工作创造了有利的环境。

2. 创设载体

特殊问题特殊处理，特殊学生特殊对待。对于问题学生应该创设载体，充分调动他们的积极性，在"润物细无声"中培养他们的自信心和自尊心，实现育德功能。

首先，应该充分发挥社团的作用。社团是校园内的第二课堂，可以锻炼和发挥学生的自我管理能力，挖掘学生的潜能，培养学生的上进心和自信心，满足学生的表现欲和自我肯定的需求。问题学生并不是一无是处，他们中的一些很有可能有某一方面的才能或者潜能，比如书法、绘画演讲、音乐和体育等，学校应该想方设法对他们进行相关的测试，然后再加以指导，为他们创造表现自己的机会。另外，学校还应该根据当代大学生的兴趣爱好设计一些活动，有意组织问题学生参加，或者事先对问题学生进行培训，再让他们与其他学生一起参加比赛，为他们争取获奖的机会。这样，问题学生不仅会感到学校生活丰富多彩，更有机会享受获奖带来的荣誉感和满足感，从而渐渐地形成积极向上的精神面貌。

其次，可以尝试扬长避短的教育方式。问题学生之所以成为问题学生，很大一个原因是学习成绩的不理想以及由此产生的自卑心理。从思想政治教育的视角看，这一点，既是思想政治教育工作面临的一个难题，也是思想政治教育工作的突破所在。问题学生就好比是受到病虫害的小树，只要园丁能够细心照料，小树终能茁壮成长。有位教育家说过，世上没有不好的学生，只有不好的老师。对待问题学生，就是要有这样的信心、决心和耐心。只要老师能够用心、真心、尽心，今天的病苗明天就会长成参天大树。

第四节 环境利用与隐性思想政治教育课程的开展

社会环境中蕴含着丰富的隐性思想政治教育资源，善于开发、利用，则能够克服环境中的负面影响、促进隐性思想政治教育课程健康发展，引导问题学生健康成长。

一、网络资源的利用

充分利用网络资源，是网络时代对思想政治教育的内在要求，也是思想政治教育改革与创新的必由之路，也是增强思想政治教育时代感、主动性、针对性和实效性的重要举措。目前，思想政治教育网络工作有了可贵的探索，取得了初步的成效，积累了有益的经验，但还有许多空白的领域有待研究，因此要进一步加强思想政治教育进网络的意识。

隐性德育课程要提高实效性，扩大覆盖面，增强影响力，就必须更新观念，拓展阵地，重视和充分运用信息网络资源，加强网站建设，大力推进道德教育进网络。

第一，进入商业网站。充分利用网络资源最重要的就是要挖掘和拓展商业网站的道德教育功能。调查表明，青年网民最常浏览的网站是搜狐和新浪，其次是网易，再次是雅虎。这些网站各有自己的特色，如新浪的新闻搜狐的搜索引擎，他们均属于主流媒体，在文化倾向上虽然商业性、世俗性较强，但是负面影响小，为拓展思想政治教育功能提供了一种可能。人们通常所感受到的网络文化，主要是由这些网站影响的，只要教育者积极有为，商业网站也可以发挥很大的思想政治教育功能。当然，德育工作者是难以介入商业网站的设计和运行的，因此在挖掘和拓展商业网站的思想政治教育功能上只能不断探索，逐步推进。当前具有可行性的措施有：一是在征得同意的前提下，向青少年的电子邮箱发送教育性强、可读性也强的信息材料，也可以发送对青少年成长和发展有益的各类信息，因为网民大多有及时收发电子邮件的习惯，这样就保证了主流信息的传送。二是介入网络社区的聊天室。虽然在聊天室中有相当多的不良信息，但处于私密状态的聊天大多是比较真诚的，是能相互交流思想和感情的。思想政治教育者以个人身份进入聊天室，是一种积极因素和正面信息的介入，是做好"随机对象"的德育工作的一种途径。

同样，QQ 聊天也可以起到这种作用，且对象的针对性和稳定性得以增强。三是在商业网站上的 BBS 上张贴积极的、进步的帖子以引导舆论。网上舆论需要引导，德育工作者的积极参与能改善这种情况。上述做法的直接效果可能不明显，但如果大多数的德育工作者都积极努力，定会取得实效。此外，还要积极探索其他办法，积极介入点击率高的、人气旺的商业网站，增强正面信息的含量，引导网上舆论，更好地发挥网络的德育功能。

同时，要积极挖掘和拓展新闻网站的思想政治教育功能，这是有比较好的基础的。一方面是网民对新闻的需求量比较大，这些网站的点击率比较高；另一方面是这些网站有着较为明显的"官方"背景，在内容的筛选上做得比较好，如新华网、人民网、光明网和中青网等。党和政府也十分重视这些网站的建设，重要新闻网站要办出名牌、办出权威、办出特色、办出水平，力图使之形成具有民族国家内涵的网络文化。德育工作者要做的工作是引导网民更多地访问这些网站，同时自己也要用好这些网站的网络资源。

第二，运用局域网。目前对于利用局域网开展思想政治教育也存在着认识不足。局域网更多地被看成是一种单纯的管理载体而没有很好地挖掘其思想政治教育功能，事实上相当多的思想政治教育工作是与业务工作、管理工作相结合的。以高校中的校园网为例，学校设立的网站包括了学校介绍学校管理、校园新闻、部门工作、教学科研、校园论坛等，内容比较丰富，访问校园网是师生工作、学习和生活的必需。如何充分运用校园网开展思想政治教育是隐性思想政治教育课程设计者所必须要考虑的。

运用校园网开展思想政治教育，首先是校园网建设要发挥优势，突出强项，突出特色，要按照全面性、积极性、主动性的原则来建设校园网络，要整体规划安排，做到先进性、开放性和标准化相结合，做到结构合理、高效实用，并能支持宽带多媒体业务。其次是要把大学网站建设纳入建设先进校园文化的行动计划之中，发挥校园文化的思想政治教育功能。要形成校园网络体系，构建独有的校园网络文化环境。这个校园网络体系一般包括内外两个方面，专题网站网页学生社团和学生个人网站网页等三个层次。对内是指校园内部网，用于校内的管理和服务；对外是面向社会开放的，向社会展示学校发展情况的网页。要通过相互链接，把三个层次的网站整合成一个独特的校园网络文化环境，来开展思想政治教育。高校的思想政治教育专题网站的建设是必要的，但要善于借用校园网所具有的相对稳定和固定的访问量。其三是校园网要发挥好信息沟通与信息反馈的功能，以让师生通过校园网解决思想问题和实际困难。特别是要有主要用于做好教职工思想工作的网页，高校的深化改革和加快发展过程中，教师中的思想问题不少，要利用校园网关注这个群体，做好相应的工作。

第三，创建专题网站。思想政治教育进网络，就必须要重视专题网站的建设。就目前而言，这方面还存在着一些不足。因此，要开辟更多的为青少年所喜闻乐见的网站，充分利用专题网站对青少年进行正面教育，使青少年得到健康成长。

要建设思想政治教育专题网站，首先要考虑的因素就是如何吸引青少年，因为没有点击率的网站是没有生命力的。而目前这些网站存在的最大问题恰恰是点击率不高的问题，主要表现在以下几个方面：其一是内容狭窄，亲和力不强。思想政治教育网站在设计中往往是从教育者的视角来进行的，而不是从受教育者的需求出发来进行建设，一开始就框定了思想政治教育的外延，在内容上基本都是狭义的思想政治教育内容，在形式上也比较呆板，使青少年望而生畏。其二是更新速度太慢或改版太频繁。每一个网站都要有相对比较稳定的访问者，但是很多高校思想政治教育网站规模较小，信息来源不足，维护人员也不多，网页更新很慢，这样就很难吸引访问者的经常来访。改版过于频繁虽然有利于克服网站改进不足的缺点，但也会因为风格的不稳定而失去访问者。访问量不大还使网站的 BBS 和聊天室缺少一定的规模，很难发挥应有的作用。其三是因为条件和设施的原因，这些网站的网速大多比较慢，许多访问者因为没有足够的耐心而放弃访问。

如何提高点击率已成为德育网站建设中的核心问题。只有较高的点击率，网站内容的德育功能才会由"可能"成为"必然"，也只有较高的点击率，网站的运行才会出现正反馈，成效越来越明显，反之则出现负反馈，使网站出现空壳运转。要改变思想政治教育网站点击率不高的现象，就要认真研究青少年的上网心理和习惯，采取相应的对策：一是要拓展思想政治教育的外延，选择大量青少年感兴趣的内容上网。道德教育应该与管理、指导和服务联系起来，要着眼于青少年的全面发展，立足于解决青少年的思想困惑和实际困难。二是内容更新一定要快，每个页面都要层层链接，吸引访问者沿着设计者的思路不断阅读下去。同时要多设计一些能够简单回答的交互性栏目或题目，要减少访问者在有意介入网上的一些讨论或继续探究某个问题时所遭遇的任何障碍。三是网站要办出自己的特色，这个特色是相对于网站所拥有的相对比较固定的访问群体而确定的。

加强思想政治教育网站建设，目标是通过提高点击率来提高思想政治教育网站的思想政治教育功能。一是运行机制要活。要利用传统媒介来宣传和介绍思想政治教育网站，有许多网站的设计者和管理者认为网络上的信息是广泛发布的，恰恰相反，在信息的海洋中，特定的信息是很容易被淹没的，而传统的媒介如报纸等能弥补这种不足。要积极策划网上活动，有意识地吸引访问者的注意力。二是技术要新，网速要快，想方设法减少访问者在阅读和参与时因网速、程序等障碍而产生的心里不快，以免影响他们的访问和参与热情。三是网络上的服务内容要多，要让访问者感到访问这个网站有用。

二、社会资源的利用

抓住时机，整合资源，集中开展思想政治教育主题宣传教育活动。各种法定节日、传统节日，革命领袖、民族英雄、杰出名人等历史人物的诞辰和逝世纪念日，建党纪念日、红军长征、辛亥革命等重大历史事件纪念日，"九一八""南京大屠杀"国耻纪念日等有特殊意义的重要日子，都蕴藏着宝贵的思想政治教育资源，可以通过组织丰富多彩的主题班会、队会、团会，举行各种庆祝、纪念活动和必要的仪式，引导大学生弘扬民族精神，增进爱国主义情感，提高思想政治素养。还要充分发挥爱国主义教育基地的作用。精心组织参观考察各类博物馆、纪念馆、展览馆、烈士陵园以及革命圣地游、红色旅游等活动，把深刻的教育内容融入生动有趣的课外活动之中，用祖国大好风光、民族悠久历史、优良革命传统教育大学生。

学习英雄模范人物和先进群体的活动。这也是我们党在思想政治教育实践中运用最多、效果最好的一种教育形式。由于英雄模范人物和先进群体形象地体现了时代精神，体现了思想政治教育要向人们传授的价值观念、政治观点、道德规范，开展学英雄学模范活动，可以使大学生能够形象、直观、生动地把握党和政府所倡导的先进思想道德和价值观念，并在榜样的感染下更好地将之内化。可以通过向大学生宣传介绍古今中外的杰出人物、道德楷模和先进典型，激励他们崇尚先进、学习先进。还可以通过评选三好学生、优秀学生干部和先进集体等活动，为大学生树立可亲、可信、可敬、可学的榜样，让他们从榜样的感人事迹和优秀品质中受到鼓舞、汲取力量。

积极营造健康、良好的社会氛围。全社会都要关心大学生的健康成长，支持大学生思想政治教育工作。宣传、理论新闻、文艺、出版等方面要坚持弘扬主旋律，为大学生思想政治教育营造良好的社会舆论氛围，为大学生提供丰富的精神食粮。要坚持团结稳定鼓劲、正面宣传为主，反映高等学校思想政治教育工作的先进典型和优秀大学生的先进事迹。各类大众传媒都要增强社会责任感，把创造良好的舆论氛围作为义不容辞的职责。要发挥各自优势，积极制作、刊播具有教育意义的公益广告，增加数量，提高质量，扩大影响。各级电台、电视台要积极制作寓知识性、娱乐性、趣味性、教育性于一体的节目。各类报纸要努力成为大学生开阔眼界、提高素质的良师益友和陶冶情操、愉悦身心的精神园地。还要充分考虑大学生成长进步的需求，精心策划选题，创作、编辑、出版并积极推荐一批知识性、趣味性、科学性强的图书、报纸、音像制品和电子出版物等，使大学生在学习娱乐中受到先进思想文化的熏陶。

第八章 隐性思想政治教育课程的评价

　　课程评价是对课程进行价值评价的过程，也就是依据一定的标准，运用一定的方法，对课程设计、实施过程及实际效果的价值进行质的评判和量的估价的活动。评价的内容包括某一教育过程的目标是否达到，教育内容是否合适，教育者所运用的方法是否适当，教育者和受教育者的互动是否正常等。所有这些方面都集中地体现为教育效果，因而，课程评价的核心内容是对教育效果的评价。评价与反馈是教育过程中必不可少的一个环节。进行教育效果的评价、检查，是为了总结教育经验，及时地发现教育中的问题，进行反馈与修正，以调整和指导教育实践。

第一节　隐性思想政治教育课程评价的本质、特点和原则

一、隐性思想政治教育课程评价的本质

　　综观现代课程评价理论和方法，对课程评价的界定主要从以下几个角度来进行。第一，根据评价时机和评价目的的不同，课程评价既包括过程评价（形成性评价），也包括结果评价（总结性评价）。过程评价是为了得到反馈信息，并根据这些反馈信息改进教学中的不足之处，是在教学过程中进行的评价。结果评价是为了判断教育目标的实现程度，在教育过程结束之后进行的评价。第二，根据评价的手段和方法的不同，课程评价可以分为定性评价、定量评价和综合评价。定性评价是指在评价过程中不采用数学的方法，而是采用哲学思辨、科学实证、逻辑分析等的方法对评价信息进行分析和推断，用语言形式表述评价结论。定量评价是指用数学方法如一定的数学模型来处理评价信息，判断课程价值性质和价值大小的评价方法。根据评价主体的不同，课程评价又可以分为系统内部评价和系统外部评价。系统内部评价包括个人评价和集体评价两种类型。系统外部评价主要是社会评价，是以社会或

上级机关为评价主体对课程进行的评价。

隐性思想政治教育课程评价属于课程评价的一种，具有课程评价的一般特点，但它又不同于其他一般的课程评价，具有特殊性。

第一，隐性思想政治教育课程评价的领域具有特殊性。所有课堂教学都应发挥在育德中的主导作用，包括显性思想政治教育课程在内的各门学科课程主要涉及认知领域，评价目标相对具体、客观，而隐性思想政治教育课程评价具有广域性，不仅涉及认知领域，更多地涉及情感、意志、行为等非认知领域，其评价结果具有较大的模糊性和不确定性。美国著名教育家布卢姆把教育目标分为认知、情感和动作技能三个领域，但是，他对三个领域的研究和实验是不平衡的。他的目标分类实验在有些领域比如认知领域是比较成功的，而在另外一些领域则并不成功，比如在情感和动作技能领域则收效甚微。究其原因，除了其理论本身的局限性外，情感和行为评价的特殊性和复杂性也是重要因素。"布氏学派给情感领域所划分的层次—接受（注意），反应，价值的评价，组织，由价值和价值复合体形成的性格化—科学性较差。情感内容、心理品质、行为方式等众多方面的交叉现象，形成层次和结构的界限不清，概念不明，内涵和外延都很不确定，在教学实践中很难运用。至于情感教学的评价问题，可以说他们只是正确地提出了问题，具体地指出了情感评价的困难，基本上没有给以解答。""在我国，对布卢姆目标分类的情感领域一般是作为德育目标来进行研究的，德育目标本身的复杂性，涉及领域的广泛性，给评价过程增加了困难程度。

第二，隐性思想政治教育课程评价的过程具有特殊性。一般课程评价是一种相对单一、线性的过程，而隐性思想政治教育课程构成十分复杂，是融合了学校的各种教育因素、教育影响、教育途径、教育力量的一个整体，是一种全方位、全天候的思想政治教育，其影响制约因素较难控制把握，这就给隐性思想政治教育课程的评价带来了相当大的难度。虽然可以从隐性思想政治教育课程构成的各个维度进行尽可能全面的评价，但仍不能代表隐性思想政治教育课程的全部。

第三，隐性思想政治教育课程评价的结果具有特殊性。从价值表现来看，隐性思想政治教育课程既有直接效果又有间接效果，既有近期效果又有远期效果，既有有形效果又有无形效果，既有定性效果又有定量效果，所以，即使我们得到了一个相对比较可靠的评价结果，也并不能代表最终的效果。

如前所述，隐性思想政治教育课程评价是一个价值评价的过程。而价值总是体现在主客体的相互交往过程中，是客体满足主体需要的一种属性。因此，所谓价值评价即指一定的评价者以一定的标准对价值客体之于主体的价值进行评价的过程。首先对隐性思想政治教育课程评价的主客体关系进行简要的分析。评价论上的价值客体是指能够满足主体需要的对象。那么，在隐性思想政治教育课程评价中，隐性思想政治教育课程自身就是价值客体。隐性思想政治教育课程的价值主体体现在两个方面：一方面，隐性思想政治教育课程要满足受教育者个人发展的需要，提高受教育者的思想道德素质，受教育者是直接的受益者，这就使受教育者成为价值主体之一；另一方面，隐性思想政治教育课程除具有个体价值之外还同时具有社会价值，即隐性思想政治教育课程不单纯是为了满足受教育者个人发展的需要，还要满足一定社会的政治、经济、文化发展的需要，这样社会就成为隐性思想政治教育课程的间接价值主体。由此，可以说，隐性思想政治教育课程价值是个体价值和社会价值的统一，是目的性价值和工具性价值的统一。隐性思想政治教育课程的评价必须把这两方面价值有机地结合起来，忽视任何一个方面的价值评价都必然陷入片面。

二、隐性思想政治教育课程评价的原则

（一）方向性原则

方向性原则是指隐性思想政治教育课程的评价应当具有明确的目标方向和正确的价值取向。隐性思想政治教育课程是现代课程中最能充分体现统治阶级意识形态的课程，选择什么样的课程内容和学习经验，以及用什么组织形式对这种课程内容和教育经验进行组织，这直接关系到统治阶级意识形态的主导性和课程的方向性问题。因此，统治阶级总是利用一定的标准对课程的内容和学习经验进行取舍，进而对课程内容及其组织形式进行评价，对课程实施过程进行评价，使整个课程设计和实施过程符合统治阶级意识形态要求。

在当代中国，进行隐性思想政治教育课程的评价就要坚持为社会主义服务的方向和为人民服务的方向。思想政治教育是发展社会主义意识形态的基本途径，是社会主义性质得以体现的重要方面，这就赋予思想政治教育以极其鲜明的政治性和意识形态性。因此，我们判断隐性思想政治教育课程的价值必须坚持正确的方向性，必须始终把坚持社会主义方向放在首要地位，这是隐性思想政治教育课程评价的生命线。要深入贯彻方向性原则，就要求评价主体深入学习党和国家的方针、政策，树立正确的价值观、评价观，防止和克服错误的评价思想倾向。另外，评价的标准和结论也要体现正确的政治方向和教育方向。

（二）客观性原则

客观性原则是指隐性思想政治教育课程的评价要从客观的评价现实出发，实事求是，切实可行。一般课程评价是一种相对"科学"、客观的过程，评价过程中评价者可以采取中立的态度和立场，而隐性思想政治教育课程评价则具有特殊性。一方面，由于隐性思想政治教育课程效果的特殊性，量化有一定的难度，在评价中难免掺杂主观性的倾向。这种认识和评定处于感觉体验性的测评，随着测评者个体的经验不同而不同，这种测评很难与群体的共识测评协调。这就要求在隐性思想政治教育课程的评价过程中要坚持客观性原则，实事求是地反映真实情况，坚持调查研究，切忌在评价中凭主观好恶，做出武断的评价。同时，在评价方法中应尽可能采取客观性较强的方法，将定性分析与定量分析相结合。另一方面，隐性思想政治教育课程评价过程本身也是一个参与的过程，评价者不可能不将自己的价值观念注入评价过程之中，所谓无价值的"中立立场"，本身也是一种价值观念。因此，在评价过程中，评价者必须采取符合受教育者思想道德发展要求的方式来评价，把评价过程本身作为一种隐性思想政治教育课程的实施过程。

（三）全面性原则

全面性原则是指要对隐性思想政治教育课程的效果做出全面、综合的评价。隐性思想政治教育课程构成复杂，作用范围广，影响因素多，在隐性思想政治教育课程评价指标体系设计过程中要尽可能充分考虑到每一个教育因素，有些课程的效果是立竿见影、清晰可见的，而隐性思想政治教育课程的效果更多的是潜隐的、无形的、短时间内难以表现出来的。由于人们受"耳听为虚，眼见为实"等思维习惯的影响，评价常常只重直观印象，轻视深层变化，使隐性思想政治教育课程的潜隐性价值得不到正确的评价。另外。要把隐性思想政治教育课程的直接效果与间接效果、近期效果与远期效果加以辩证地综合，并具体体现在隐性思想政治教育课程评价指标和标准的设计、评价方法的选择和评价结论的获取上，具体体现在隐性思想政治教育课程评价全过程的调查研究、方案设计、组织实施、反馈检验等过程中。因为隐性思想政治教育课程对受教育者的影响是长久的，并且随着时间的不同，感受与评价也不同。比如，上海市一份对高校思想政治理论课教学效果的评价显示：学生在校期间认为最不重要的是思想政治理论课课程，而参加工作若干年后，认为对自己影响最大的也是思想政治理论课课程。

（四）历史性原则

历史性原则是指要把评价对象放到一定的社会历史条件中去，在一定的时间、地点、条件下对各种因素的影响进行具体分析，避免以凝固、僵化的标准进行隐性思想政治教育课程的评价。历史性原则要求以唯物史观为指导，把评价对象的价值放到具体的历史条件中去考察，从中找出评价对象与社会历史条件之间的内在联系。同时，隐性思想政治教育课程评价本身也是一个不断发展、不断深化的过程。在这个过程中，也要考虑到隐性思想政治教育课程评价动态发展的社会历史性以及社会历史条件的动态发展性。既要把评价对象与它所发生的那个时代非常紧密地联系起来，把握其时代原因和时代意义，考虑其即时效果和近期效果，又要把它纳入社会发展的历史长河中，看其产生的历史背景和作用的未来效果，以真正在一个从过去到现在向未来运动的时间链条中，在社会发展的周期中把握每一个瞬间，每一个片段，从而做出符合历史规律的判断。

第二节 隐性思想政治教育课程评价的具体方法

按照层次的不同和适用范围的大小，可以把隐性思想政治教育课程评价的方法划分为三种类型：哲学方法、一般方法和具体方法。其中，具体方法是评价方法系统中最具活力的部分，具有无限的发展趋势，从逻辑上说是不受数量限制的。因此，在这里，我们对以下几种最基本的隐性思想政治教育课程评价方法做以研究。

一、量化评价方法

所谓量化评价方法，就是力图把复杂的教育现象和课程现象简化为数字，用一定的数学模型或数学方法来处理评价信息资料，判断评价对象价值性质和价值大小的一种评价方法。量化评价方法对于课程评价来说是一种必要。列宁指出："应当记住一个原则：在社会科学中（如同在整个科学中一样），所研究的是大量的现象，而不是个别的情况。"的确，人们的思想品德形成规律是由无数个人的个人背景、家庭背景、教育背景和社会背景共同决定的。思想政治教育本身也是由思想政治教育的条件、过程、结果以及外部环境共同决定的。在对这些大量的现象进行信息处理时，数学的方法是完全必要的。量化评价方法之所以可能，是因为"凡物之存在必有其数量，凡有数量的东西都可以被测量"，这是一段时期教育测量学家所持有的一个基本的理念。正是在此基础上，教育测量学兴起，从此，人们开始从量的关系对教育现象进行评价。所以，现代课程评价的诞生和崛起是与量化的方法联系在一起的。

量化评价方法把课程评价建立在客观的数量关系的基础上，为课程评价提供了客观的依据和标准，具有较强的说服力。量化评价方法逻辑性强，标准化和精确化程度较高，能对课程现象的因果关系作出精确分析，结论也更为客观和科学。量化评价方法在某种程度上能揭示评价对象价值的本质和结构，尤其是评价对象价值量的大小。恰当地使用量化评价方法，有助于提高评价的精确性、客观性，以便作出明确的等级区分。因此，在课程评价至整个教育评价领域，量化评价方法一直占据重要的地位。

量化评价方法以实证主义方法论为理论基础，能够有效地评估学生知识、技能的掌握程度，但是这种评价方法对不可以直接测量的学生的非智力因素和精神领域却显得无能为力。另外，量化评价方法主要针对课程实施结果来进行，也就是注重评价预设目标的达成程度，即"应该评价什么"而不是"什么值得评价"，如测量学生的学习成绩，最常见的评价形式是"课程是否达到某一目标"，如泰勒的评价模式。然而，影响制约课程的变量很多，所建立的量化指标体系只能考虑有限的几个变量，容易忽略课程规划中那些不可测量的重要方面，对教学过程中的生成价值及影响其产生的复杂原因难以作出完整的分析与解释，从而影响了课程评价的信度，而且它排斥了对既定课程计划的持续性再开发，这就不可避免地造成课程评价与课程开发之间的鸿沟。

虽然量化评价方法具有一定的合理性，在隐性思想政治教育课程评价的过程中是不可或缺的。但是由于隐性思想政治教育课程的极端复杂性，以及我们对于隐性思想政治教育课程的认识还不够深入，所以到目前为止，实际上还有许多隐性思想政治教育课程范畴内的教育现象，我们对之还难以量化，或者不能完全量化。片面强调量化评价方法，往往导致有意无意地忽视一些很难量化的隐性思想政治教育课程信息资料，而这些被我们忽视的信息资料可能对隐性思想政治教育课程的评价来说是极为重要的。因此，单纯采用量化评价方法是不适当的，还应当把定量评价与定性评价、把量化评价与质性评价有机结合起来。

隐性德育课程现象大多是模糊现象，在其评价中遇到的思想道德素质的高与低，成绩的好与坏，教学效果的优与劣等都是模糊概念（有明确内涵没有明确外延的概念），这种模糊性与课程评价的精确性要求是相悖的，必须解决从模糊中求精确的思路和方法。由美国数学家扎德创立的模糊数学方法正是处理模糊现象的有力工具，将它引入课程评价中，就形成了模糊综合评价法。模糊综合评价法建立在模糊集合的基础上，是一种性质优良且又可行的数学评价模型。它主要对受到多个因素影响的一类事物作出全面评价，其最大特点是在量化过程中综合了所有评价者的信息，信息量损失极少，因此，模糊综合评价法在课程评价中有广泛的实用价值。

二、质性评价方法

20世纪60年代以前，量化评价方法一直在课程评价领域中占据着主导性的地位。60年代以后，随着建构主义时期的到来和社会批判思潮的兴起，人们对量化评价方法的实际功效产生了怀疑，意识到评价不仅仅是一个技术性的问题，单纯依靠一系列测量所得的数据不能对现象，特别是现象背后的原因做出完整真实的解释。由此，这种传统的评价方法受到了猛烈的冲击。在对量化评价方法存在的缺陷的批评与反思中，质性评价方法逐渐兴起并被广泛应用于教育评价的各个领域。所谓质性评价方法，就是指"力图通过自然的调查，全面充分地揭示和描述评价对象的各种特质，以彰显其中的意义，促进理解"，从而判断教育价值、建构教育价值的评价方法。质性评价方法是对事物或现象的本质和基本特征的一种解释性的评价，其评价的目的并不是检验教育目标的实现程度，而是对其过程进行总体的解释和建构，因此，它不是一种总结性评价，而是一种过程性评价。质性评价方法，也被称为自然主义评价方法，它反对把复杂的教育现象简化为数字，认为这种做法提供的只能是歪曲的教育信息，且有可能丢失重要信息，但它从本质上并不排斥量化评价，而是试图弥补量化评价的缺陷，在适当的评价内容或场景中依然使用量化的方式进行评价。质性评价方法是作为对量化评价方法的反思、批判而产生的，它内在地包含了量化评价方法。它为量化评价方法提供了应用的框架，而量化评价方法又为它的深入创造了条件。因此，质性评价方法实质上可以看作是一种以定性方法为主的定性定量综合评价。在国外课程评价发展历史上，质性评价方法被称为课程评价的"第四代"和课程评价的"新典范"。

质性评价方法有以下一些特点：从评价环境来看，注重在自然环境中进行研究，而不是通过人为方式操纵变量来形成所要检验的情景；从收集资料的方法来看，多种方法并用，如开放型访谈、参与式和非参与式观察、实物分析等，且重视原始资料的收集；从理解的视角来看，从主体间性的角度，强调评价主体和价值主体之间的互动理解后的解释性理解；从评价者的角色来看，评价者本人是评价的工具，不使用量表或其他测量工具；从结论的形成方式来看，注重从归纳中获取结论，而不是由结论演绎假设，再由实验加以实证；从主体性来看，注重发挥多元主体的主观能动性；从评价关系来看，评价者与被评价者之间是互动关系。

质性评价方法源于解释主义哲学。质性评价方法不是以预定的目标、标准为导向来评价课程现象的，它重视课程实施过程中的生成价值，尊重客观现实，对问题的认识较为真实而全面。它最突出的特点就是对人的尊重：评价者本人是主要的评价工具，从评价对象的角度去解释评价对象及其行为的内部意义，所关注的是被评价对象自己的看法，尊重评价对象对自己行为的解释。当然，质性评价方法也不是绝对科学合理的。由于质性评价的评价者和评价对象都是主体的人，因而会不可避免地受到各种主观因素的干扰，从而影响评价的信度和效度。评价者个人背景以及和被评价者之间的关系，会对课程评价过程和结果产生较大影响。而且，质性评价方法对评价者的要求很高，并不是所有的评价者都能胜任。

在国外，许多国家和地区对类似于我们所讲的德育性质的课程都采取了较为模糊的质性评价方法。比如，在英国，对学校社会性课程的评价和督察都采取了模糊的方法，如检查各学校是否踏踏实实地进行了这方面的教育，对人员配制、课程设置、学校重视程度等方面进行重点检查，至于教育和教学效果则基本不予深究。再比如日本和我国香港地区，对于公民课、道德课、社会科学等课程也采取了相对模糊的评价方式。从国内外一些国家和地区学者对类似德育课程性质的课程评价过程来看，德育课程的评价并不一定都必须采取量化评价的方法，对于隐性德育课程这样一种作用范围广、影响因素多、特殊性很强的课程评价来说，必须把量化方法与质性方法结合起来，在某种程度上说，较为模糊的质性评价方法更加切合道德教育本身的特点。已经开发出来的具体的质性评价方法比较多，下面介绍几种主要的质性评价方法，即学生成长记录袋评定法、道德两难问题访谈法、苏格拉底式研讨法。

在已开发出来的质性评价方法中，柯尔伯格道德两难问题访谈法曾在美国教育界倍受推崇。作为一名心理学家，柯尔伯格认为道德成熟的标志是道德推理，他研究道德教育的方式集中在个体道德推理的普遍特征上。柯尔伯格道德两难问题访谈法就是通过设立若干道德两难故事，如海因兹两难故事、贫困儿童两难故事、赡养父母两难故事和随便性接触两难故事，根据教育对象对道德两难故事的谈话内容和语言陈述来确定他的道德类型或阶段，然后把所测定的教育对象进行分类，用高一层次的道德内容对处于各种道德推理阶段的教育对象进行教育，然后再通过评价来检验教育对象在道德推理方面的进步程度。柯尔伯格的调查研究表明，通过参加道德两难问题的讨论，教育对象确实在道德推理方面获得了提高。通过这种特殊的评价方法，柯尔伯格使道德教育成为一种可以被量化的、相对客观的"显科学"学生成长记录袋评定法是"根据教育教学目标,有意识地将各种有关学生表现的作品及其他证据收集起来,通过合理的分析与解释,反映学生在学习发展过程中的优势与不足,反映学生在达到目标过程中所付出的努力与进步,并通过学生的反思与改进激励学生取得更高的成就"。

学生成长记录袋评定法有以下特点:第一,学生成长记录袋收集的是学生某一门课程的系列作品,用以展示学生的学习、表现及进步状况,反映学生在学习中的情感、态度以及过程与方法。通过分析成长记录袋内提供的信息,可以获得学生的进步与发展方向。第二,根据创建成长记录袋的目的不同选取不同作品。为展示学生特长、收集的作品就应该是学生最优秀、最满意的代表作品;为评价学生某一段时间学习的进步或不足时,收集的作品就应该包括原始作品、过程性的作品以及最终作品。第三,培养学生的自我评价与反省能力。成长记录袋中的信息可以帮助学生反思自己的学习过程,正确评价自己的学习,发现自身的优势与不足,同时激发学生学习的原动力,提高学习兴趣,让学生学会学习,自觉主动学习。第四,教师对收集到的作品进行合理分析,并向学生及时反馈。

苏格拉底式研讨法强调把学生参与班级活动及课堂讨论的表现作为评价学生学业成绩的一部分。研讨法最根本的要求是"让学生学会更有成效地思考并为自己的见解提出证据"。苏格拉底式研讨法分为以下三个步骤:第一,明确讨论要达到的目标,并为此选择适当的文本。教师自由选择课程内容来促进学生的最佳学习,以实现培养批判性思维和阅读理解技能等具体的教育结果。第二,教师提出问题,师生共同讨论,在研讨过程中引发学生对话及思考。问题不应只有单一的答案和预期反应,而应是开放性、研究性的,教师是讨论的参与者而不是操纵者,教师与学生是平等的主体。教师在讨论中的作用是使讨论沿着有成效的路线进行下去——这主要通过稳定情势、指导、纠正、引领和像一名学生那样进行争论等手段。教师能够准确把握学生的学习状况及课程实施情况,并能有效地进行课程评价。第三,选择记录研讨过程的方式或设计记录表。记录是进行评定的客观依据,记录应真实反映研讨过程中学生的表现,而且要根据记录分析比较进而推断学生所取得的成绩。

第三节 隐性思想政治教育课程评价的模式

在这里,我们在对过去的课程评价方法进行整体性反思的基础上,借鉴国内外主要课程评价模式,初步建立一个隐性思想政治教育课程评价模式——发展性网状结构模式。同时,我们根据隐性思想政治教育课程评价的本质、特点和原则，针对隐性思想政治教育课程评价的现实状况，展望隐性思想政治教育课程评价的发展趋势，对这一模式加以阐发。

一、发展性网状结构模式的系统框架

所谓发展性网状结构模式，是以发展性原则为基本理念，以网状结构为基本架构的隐性思想政治教育课程评价模式。在这一模式中，贯穿于评价内容和过程之中的基本理念是发展性原则，发展性原则包括两层含义：一是通过隐性思想政治教育课程评价促进隐性思想政治教育课程的发展，从而促进个体和社会的共同发展；二是隐性思想政治教育课程评价本身也要不断创新和发展，以满足隐性思想政治教育课程发展、个体和社会发展的需要。这里的网状结构是试图把多层次的评价内容、多元化的评价方法放在同一结构之中，在这一结构内的不同内容之间、各种方法之间是一种平等、合作、相互说明甚至相互转化的关系。从评价内容来看，隐性思想政治教育课程评价的网状结构注重从不同的维度对隐性思想政治教育课程进行评价，评价内容同时包括目标评价、要素评价、过程评价和结果评价。从评价方法来看，网状结构模式在承认并保留各种方法各自特点的基础上，赋予评价者更大的灵活变通的自主权，评价者可以根据具体情况不断调整和变通各种评价方法。这就意味着，不仅在评价的开始向评价者提供多种方法选择，并且在评价过程中，时刻面临着多种选择，而选择的每一条道路又都与其他道路相互交叉重叠，供评价者根据不同的情况做进一步选择，以更好地实现发展性课程评价的目的。

二、发展性原则的具体特点分析

隐性思想政治教育课程评价应当是一种发展性评价，它以促进隐性思想政治教育课程自身的发展，增强隐性思想政治教育课程自身的价值，从而促进个体和社会的发展为根本目的。隐性思想政治教育课程评价的发展性原则借鉴了中外课程评价思想的积极成果，也吸取了国内外隐性思想政治教育课程评价模式的精华，既有深厚的理论依据，又源于现实的需要。其具体特点如下：

（一）发展性隐性思想政治教育课程评价以促进个体和社会的双重发展为根本目的

隐性思想政治教育课程的评价应当促进两个发展：一是隐性思想政治教育课程自身的发展；二是个体和社会的共同发展，促进这两个发展是隐性思想政治教育课程评价的根本出发点和落脚点。必须指出的是，隐性思想政治教育课程评价的根本目的，对于受教育者来说，最重要的不是对他们的思想品德状况作出终结性评定，更不是利用评价结果对他们进行比较和分等，而是为了促进他们思想品德和社会性发展水平的提高；对于隐性思想政治教育课程建设来说，评价的意义不仅仅在于鉴定隐性思想政治教育课程的最终结果，而是实事求是地肯定成绩，总结经验，客观地审视存在的问题，并积极地调整目标和措施。两个发展是相互联系的，最根本的在于促进个体和社会的全面发展，因为隐性思想政治教育课程自身发展的目的还是为受教育者个体发展和社会发展服务的。

回顾我国长期以来的课程评价的发展历程，主要是把社会的需要作为评价的出发点和评价目标形成的依据，把人看作是物质化和工具化的人，评价完全地置于理性的标准之下。随着课程评价模式的发展，课程评价正在由以往的服务于社会的价值取向转到以人为中心的价值取向上来。当前的课程评价往往又对从前的极端的社会本位的评价矫枉过正，走向了以个人本位为单一价值取向的评价。所以，我们要力图在社会本位和个人本位之间找到一个平衡点，使得社会主体和个人主体的主体性都得到充分发挥。个人和社会构成了隐性思想政治教育课程价值的双重主体，发展性隐性思想政治教育课程评价应当以促进个体发展和社会发展为原则，是外在价值观和内在价值观的辩证统一。

发展性课程评价最终以促进人的全面发展为最高目的。如前所述，现代课程观是建立在"经验"基础上的广义课程观，课程是促进学生发展的教育性经验系统。这也就是说，一方面，课程的目的是促进学生的发展，另一方面，学生的发展依赖于学生经验的不断积累，即课程是通过使学生的经验不断增长来实现学生发展的。课程目标、课程设计、课程内容、课程实施、课程评价等都是围绕学生经验的增长组织起来的。发展性课程评价作为课程开发过程中的反馈调节系统，必然是以促进学生的发展为最高目的，这也是发展性课程评价的本质追求。从评价的角度来看，课程评价活动是价值关涉的活动，发展性课程评价的性质也决定了应把促进学生发展作为评价的最重要的准则。

（二）发展性隐性思想政治教育课程评价应力图弥合预期目的性与动态生成性之间的差异

隐性思想政治教育课程同其他各类课程一样，作为制度化教育活动的组成部分，不仅事先要有预期的目的，而且在教育活动实施过程中还应有明确的规划和计划，从宏观到微观概莫能外。宏观上有国家关于隐性思想政治教育课程的预期目的、总体规划、课程具体内容等，微观上可以是学校对校园物质、文化环境的设计，甚至可以是一次实践活动的组织，都体现着隐性思想政治教育课程的计划性与目的性。

但是，计划与目的只是人们事先的构想，要想把构想变成现实，必须通过具体的实施活动来实现。但隐性思想政治教育课程的一个重要特征就是它有着极强的动态生成性。由于隐性思想政治教育课程实施过程受时间、空间、客观物质条件、外部社会条件等的影响，可能会使预期计划受到冲击和影响，而实施过程中的师生文化背景、经验水平、能力、情感、价值观以及其他偶然因素，则使实施过程中充满更多的随机性。比如说学生走出校园，深入社会进行实地参观考察，这种实践活动的效果是无法与预期的目的完全吻合的，它具有动态生成性，这就会造成预期目的性与动态生成性之间的差异。

发展性隐性思想政治教育课程评价在正视预期目的性与动态生成性之间差异的基础上，通过对课程设计和课程实施过程的循环评价，在理想与现实之间架设一座桥梁。通过评价使课程设计不断接近现实，并根据实施的反馈情况进行调整，使课程预期目的性逐步走向现实。同时，通过评价及时对课程实施情况诊断分析，防止可能出现的偏差，总结实施过程的经验教训，促使隐性思想政治教育课程不断地完善和发展。

三、网状结构的基本架构

（一）评价主体的多元化

最初的课程评价主体是单一的，主要是由教育行政部门的课程评价专家担任。而当前，课程评价主体的多元化主要体现在包括被评价者在内的相关人员都参与评价，不仅改变了以往的对立关系，加强了信任和合作，而且充分体现了个体需要的多元价值取向。所以，应当构建一个内部评价和外部评价相结合的评价体系，以保证评价的开放性。内部评价包括个人评价和集体评价两种类型。个人评价的评价主体主要是教师和学生个人，由此形成教师评价和学生评价。集体评价主要是指学校各级教育、行政部门的评价。外部评价主要是指社会评价，包括社会个人的评价、权威机构的社会评价、民间机构的社会评价、公众舆论的社会评价。

传统的课程评价是专家评教师、教师评学生的线形评价模式，评价主体是单一的，而且作为课程实施过程中的重要主体之一的学生被排斥在评价主体之外，成为永远不变的被评价对象。课程评价过程中如果没有评价主体和评价客体之间的交流与意见互换，所得出的评价结果难以被评价对象认同，更难以对他们的观念和行为产生影响。在网状结构中，倡导多元主体的评价模式，消解了评价者和被评价者之间的对立状态，认为课程评价中作为评价对象的教师和学生同时也是评价主体。评价活动中既要有专门的课程评价专家参与指导，教师、学生也应该共同参与到评价活动中来，他们的评价意见也应体现在评价结论之中。课程评价是评价者与被评价者，教师与学生共同建构意义的过程。在隐性思想政治教育课程评价的网状结构中，评价信息应来源于评价对象生活的各个方面，对评价对象所作出的评价既要有"他人"的评价，又要有评价对象之间的相互评价，还要有评价对象对自身的反思性的评价，通过他评、互评、自评相结合的多样化评价，从不同的视角对评价对象作出准确的评价，从而减少评价中的片面性和主观性。

由于课程评价作为对课程现象的价值判断，由于评价对象的复杂性，导致其价值主体的非中立性，由价值的非中立性必然会导致课程评价的多样性和差异性，形成评价主体多元的格局。这种评价主体多元和价值多元的现象最容易导致"公说公有理、婆说婆有理"的现象，产生评价中的相对主义。为避免这一现象的发生，在课程评价中强调多元的同时，需要建立对话机制。在多元的评价主体之间进行平等的对话和广泛的磋商，在对话中逐步消除分歧，最终形成一个以一元为主导的多元评价格局。值得注意的是，这里的一元与过去的一元不同，在对话基础上形成的一元是在充分吸纳多元基础上的一元，而不是建立在"权威"基础上的统一。

（二）评价内容的全面性

隐性思想政治教育课程评价的内容应该是全面的。隐性思想政治教育课程评价的网状结构的基本框架是由以目标为中心的课程设计评价、以过程为中心的课程实施评价和以结果为中心的课程效果评价组成的有机系统。

以往的课程评价往往忽略了对教育目标合理性的考察，在网状结构中，要加强对教育目标设定科学性的考察，从而改变评价目标的凝固性和行为目标的局限性，使课程评价统领目标、过程与情境，呈现开放模式。目标作为泰勒课程开发模式和评价模式的基石，它既是一部分人开展课程研究与评价的出发点和归宿，也是另一部分人批判与重建课程理论的起跑线。对于隐性思想政治教育课程而言，由于其作用方式的特殊性及功能的特定性，如前所述，隐性思想政治教育课程是通过受教育者无意识、非特定的心理反应发生作用的，其功能首先在于社会控制，其课程目标与课程设计对于隐性思想政治教育课程评价的作用也是显而易见的。但课程目标、课程标准等的重要作用并不等于它一旦确定，就是固定不变的，也正是由于它的重要性，决定了它也必须成为评价的对象。只有通过对课程设计的持续性评价，才能使课程目标及设计不断反映新的情况，并在此基础上进行适当的调整，使课程目标发挥应有的作用。

课程实施过程是过程评价的重要内容。在 20 世纪 60 年代以后，人们越来越认识到课程实施过程的重要性，它是联系课程预期结果与实际结果的中介。由于隐性思想政治教育课程实施过程中涉及的因素更多、更复杂，在实施过程中也有更多的变数，因此对课程实施过程的评价对于课程的调控以及拉近课程理想与现实之间的距离，具有特殊意义。

隐性思想政治教育课程是教育者为了实现一定的思想政治教育目标，通过创设一定的教育环境和教育活动，使受教育者在无意识、非特定的情况下获得良好品德经验的教育因素。在这个过程中，是否体现了隐性思想政治教育课程的特点，是否具有一定的育德性，就必须对教育者的活动、受教育者的活动及其活动的实施方式进行评价。

结果评价就是对课程实施效果的评价。课程结果是每一个从事课程改革的人员及课程改革相关人员都很关注的问题，它是决定课程改革能否推广的关键问题。全面了解课程效果，是进行课程改革的关键一环，也是课程评价必须回答和解决的问题。

在网状结构的评价体系中，对任何一部分的评价都很难一次完成。在多数情况下，要进行多次循环评价，而每次循环也不是在原地进行的重复，而是螺旋式上升的过程。在这种循环中，目标、过程、结果相互交融、相互渗透。

课程目标在评价过程中既是评价的指导，又是评价的先在问题。这种双重角色使评价目标成为课程评价的重要支点。与此同时，后续的目标评价还要借助过程评价和结果评价的结果对原定目标做进一步评价，如果通过过程评价或结果评价发现课程目标还存在需要进一步修正的地方，这时过程评价和结果评价本身就成为目标评价的资料来源，成为目标评价的一个重要组成部分。

课程实施过程作为联系课程目标和课程结果的桥梁和中介，在当前世界课程改革大潮中，其地位越来越重要。对课程实施过程的评价主要在于通过不断了解课程实施中教师、学生以及课程管理者的行为表现，及时发现课程实施过程中存在的困难和问题，以有效地调控课程进程。但对课程实施过程的评价同样也离不开课程目标和课程结果，课程目标既是调控、诊断、分析课程实施过程的重要资料来源，也是课程实施过程评价中分析的对象。

同样，课程结果既是课程实施过程的自然结晶，也是分析课程实施过程的重要依据。对课程结果的评价中，同样有课程目标和课程实施过程的影响。课程目标是确定课程预期效应的标准，在现阶段对课程结果的评价中，课程的预期效应仍是评价的主要内容，课程目标是课程结果评价的重要信息源；课程实施过程则是课程结果评价中评价结论形成中的重要参考，课程的结果如何与课程实施过程中出现的情况也密切相关。因此，课程结果评价也离不开对课程实施过程的分析。

对课程的目标设计、实施过程、结果的分析，虽然从表面上看是从三个不同的方面对课程进行的评价，但它们在一定程度上是融为一体的，特别是各部分评价在螺旋式上升过程中，由于评价各部分信息交换的频率会进一步增加，同样的评价信息甚至可以同时为三个评价部分服务，或者说从不同的角度为三个评价部分提供信息，因而三者的关系会通过即时互动变得更加密切。

（三）评价方法的非线性

课程评价经过多年发展，先后出现了多种评价方法。20世纪60年代以前，实证化评价方法盛行，这些方法大都把自然科学方法引入到课程评价之中，强调客观性和价值中立。20世纪70年代以后，强调人文化的课程评价方法逐渐受到人们的重视，这些方法大都是从现象学、文化人类学引入，强调研究者的参与、理解，在评价中更多地融入了评价者的主观感受。二者经过一个时期的激烈争论之后，许多研究者发现，通过争论很难得出哪一类方法更好的结论关键在于实践中的运用。在这方面，我国与西方学者出现了两种不同的倾向。在我国，虽然大多数人都认识到在方法上应做到定性与定量相结合，但在课程评价实践中，由于定性方法的发展滞后，其运用效果也常常受到怀疑，在课程评价方法选择上主要强调实证化评价方法。网状结构的一个重要特征就是追求方法的多元。面对情况各异的课程现象，在选择方法时，应不存偏见地面对众多的评价方法，这才是网状结构强调差异和多元精神的体现。

出于科学化、客观化的追求，课程评价模式在创始之初非常重视量化评价方法的运用，但是这种单纯的事实判断放弃了很多无法量化的有用信息，无助于做出真正科学、客观、有效的课程评价。当前的课程评价将呈现定性方法和定量方法相结合的格局，在实证研究的基础上引入更多的人文因素。网状结构模式符合课程评价发展趋势的内在要求，实现了评价方法由线性向非线性思维方式的转变。从思维方式的角度来考察，在课程评价方法二元对立的争论中，无论强调实证化方法，还是强调人文化方法，他们都认为自己掌握了方法选择上的唯一标准，从而强调一端而反对另一端。因此，他们都内在地表现为追求方法形式单一的线性思维方式。认识到实证化与人文化两种方法的特点，并提倡两种方法相结合的观点，确实比方法的二元对立观点向前迈了一大步，但早期对两种方法相结合的研究大多是简单机械的相加，这种结合并没有从根本上改变追求方法单一化的线性思维方式。评价方法的网状结构模式则是在超越了评价方法的二元对立及对两种方法的简单结合的基础上发展起来的，它一方面强调多种方法的现实存在，另一方面强调方法选择和运用的多元化和灵活变通，实现评价过程甚至结果的多元化，并通过过程与结果的多元化来把握纷繁复杂的课程现实。这种以多元化贯彻始终的课程评价方法体现了非线性思维方式的基本特征，从而实现了课程评价方法由线性思维方式向非线性思维方式的转变。

参考文献

[1] 张耀灿，郑永廷，等．现代思想政治教育学 [M]．北京：人民出版社，2001．

[2] 张耀灿，陈万柏．思想政治教育学原理 [M]．北京：高等教育出版社，2001．

[3] 张耀灿，徐志远．现代思想政治教育学科论 [M]．武汉：湖北人民出版社，2003．

[4] 张耀灿主编．中国共产党思想政治工作史论 [M]．北京：高等教育出版社，1999．

[5] 郑永廷．现代思想道德教育理论与方法 [M]．广州：广东高等教育出版社，2000．

[6] 李萍．现代道德教育论 [M]．广州：广东人民出版社，1999．

[7] 陈秉公．思想政治教育学原理 [M]．沈阳：辽宁人民出版社，2001．

[8] 刘书林，陈立思．青年思想政治教育学原理 [M]．北京：中国青年出版社，1999．

[9] 沈壮海．思想政治教育有效性研究 [M]．武汉：武汉大学出版社，2001．

[10] 石云霞．"两课"教学法研究 [M]．武汉：武汉大学出版社，2002．

[11] 唐凯麟．西方伦理学名著提要 [M]．南昌：江西人民出版社，2000．

[12] 蔡晓良．马克思主义理论教育评价研究 [M]．武汉：武汉大学博士论文，2005．

[13] 邓晓辉．马克思主义基本原理概论 [M]．北京：经济科学出版社，2014．

[14] 陈先达．马克思和马克思主义 [M]．北京：中国人民大学出版社，2016．

[15] 衣俊卿．马克思主义文化理论研究 [M]．北京：北京师范大学出版社，2012．

[16] 杨耕．马克思主义哲学基础理论研究 [M]．北京：北京师范大学出版社，2013．

[17] 董振华．马克思主义哲学十五讲 [M]．北京：中共中央党校出版社，

2014.

[18] 顾海良 . 马克思主义发展史 [M]. 北京：中国人民大学出版社，2009.

[19] 吕思勉 . 中国近代史 [M]. 上海：中华书局，2015.

[20] 郭豫明 . 中国近代史教程 [M]. 上海：华东师范大学出版社，1997.

[21] 朱志敏 . 中国近代史纲要教学用书 [M]. 北京：北京师范大学出版社，
2012.

[22] 朱维铮 . 重读近代史 [M]. 上海：中西书局，2010.

[23] 陈志平 . 中国革命史 [M]. 北京：中国政法大学出版社，2006.

[24] 侯树栋 . 中国革命战争纪实土地革命战争 [M]. 北京：人民出版社，
2007.

[25] 何沁 . 中国革命史 [M]. 北京：中央广播电视大学出版社，1993.

[26] 佚名 . 毛泽东思想概论 [M]. 北京：中国人民大学出版社，2010.